JN445658

영어의 기초 뼈대 세우기

영어의 기초 뼈대 세우기

지은이 본즈쌤
펴낸이 임상진
펴낸곳 (주)넥서스

초판 1쇄 발행 2026년 2월 5일
초판 2쇄 발행 2026년 2월 10일

출판신고 1992년 4월 3일 제311-2002-2호
10880 경기도 파주시 지목로 5
Tel (02)330-5500 Fax (02)330-5555

ISBN 979-11-24028-34-6 13740

출판사의 허락 없이 내용의 일부를
인용하거나 발췌하는 것을 금합니다.
저자와의 협의에 따라서 인지는 붙이지 않습니다.

가격은 뒤표지에 있습니다.
잘못 만들어진 책은 구입처에서 바꾸어 드립니다.

www.nexusbook.com

딱!
미국 5살 아이만큼만
영어로 말해 보자!

영어의 기초 뼈대 세우기

본즈쌤 지음

넥서스

머리말

"영어로 말해 보세요." 이 한마디가 부담스럽게 느껴진다면, 당신은 지금까지 영어를 너무 어렵게 배워 온 것일지도 모릅니다. 혹은 영어를 잘해야만 하는 것으로 배워 왔기 때문일 수도 있습니다.

우리는 오랫동안 영어를 시험 과목으로 배워 왔습니다. 점수를 잘 받는 법, 틀리지 않는 법, 정답을 고르는 법에는 익숙해졌지만 정작 영어로 무언가를 말해 보는 경험은 거의 하지 못했습니다. 문법을 외우고, 단어를 암기하고, 문제를 푸는 연습은 많이 했지만 입을 열어 영어로 말해 보라는 요구 앞에서는 늘 멈춰 서게 됩니다.
그래서 이런 경험이 생깁니다. 글을 보면 대충 뜻은 알겠는데, 막상 말하려고 하면 아무 말도 나오지 않는 상황 말이죠. 머릿속에는 한국어 문장만 맴돌고, 영어 문장은 끝내 입 밖으로 나오지 않습니다.

이 책은 바로 그 지점에서 시작합니다. 잘하는 영어가 아니라 말할 수 있는 영어, 완벽한 영어가 아니라 통하는 영어를 목표로 합니다. 틀리지 않는 영어보다, 상대에게 전달되는 영어를 더 중요하게 생각합니다.
영어로 말을 한다는 것은 어려운 문장을 만드는 일이 아닙니다. 멋진 표현을 떠올리는 일도 아닙니다. 지금 내 상황에서, 내가 하고 싶은 말을 아주 기초적인 영어로 꺼내는 것입니다. 짧아도 괜찮고, 단순해도 괜찮습니다. 말이 되는 영어라면 충분합니다.

이 책에는 설명은 최대한 줄이고, 대신 말해 보는 경험을 많이 넣었습니다. 읽고 이해하는 데서 멈추지 않고, 직접 소리 내어 말하게 만들기 위해서입니다. 영어는 이해하는 언어가 아니라 사용하는 언어이기 때문입니다. 머릿속으로 아는 것과 입으로 나오는 것은 전혀 다른 문제입니다.

또 한 가지, 꼭 드리고 싶은 말이 있습니다. 영어는 머리가 좋아야 하는 것도 아니고, 어릴 때 시작해야만 되는 것도 아닙니다. 오히려 성인이 된 지금이 영어를 말하기에 더 좋은 시기일 수 있습니다. 우리는 이미 하고 싶은 말이 분명하고, 어떤 표현이 나에게 필요한지도 알고 있습니다. 그리고 쓸데없는 공부를 걸러낼 수 있는 판단력도 갖추고 있습니다.

이 책을 펼치는 순간, 당신은 더 이상 영어를 못하는 사람이 아닙니다.
지금부터 당신은 영어로 말하는 연습을 시작하는 사람입니다.
처음에는 서툴러도 괜찮습니다. 문장이 짧아도 괜찮고, 틀려도 괜찮습니다. 중요한 건 멈추지 않고, 계속 입을 여는 것입니다. 한 문장이라도 말해 보고, 그 경험을 쌓아 가는 것입니다.
이 책이 당신이 영어 앞에서 움츠러들지 않고, 짧은 문장이라도 자신 있게 말할 수 있게 만드는 첫 번째 계기가 되기를 바랍니다.
당신은 이미 시작했습니다. 이제, 한 문장씩 말해 봅시다.

저자 본즈쌤

이 책의 활용법

STEP 1

영어의 뼈대 배우기

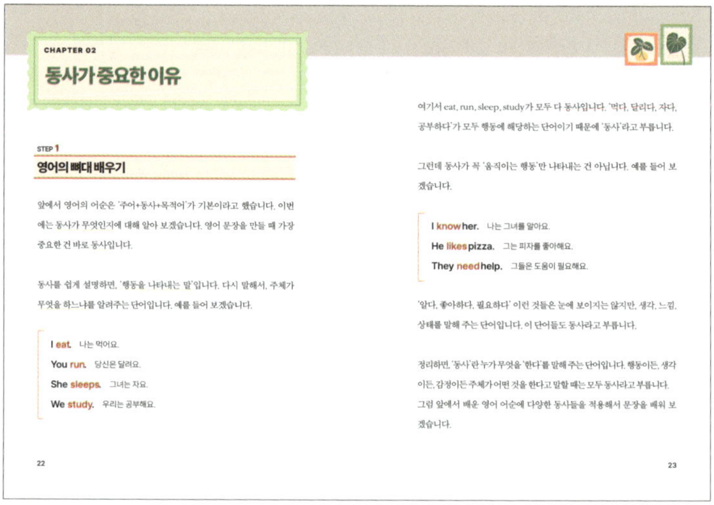
CHAPTER 02

동사가 중요한 이유

STEP 1

영어의 뼈대 배우기

앞에서 영어의 어순은 '주어+동사+목적어'가 기본이라고 했습니다. 이번에는 동사가 무엇인지에 대해 알아 보겠습니다. 영어 문장을 만들 때 가장 중요한 건 바로 동사입니다.

동사를 쉽게 설명하면, '행동을 나타내는 말'입니다. 다시 말해서, 주체가 무엇을 하느냐를 알려주는 단어입니다. 예를 들어 보겠습니다.

I eat. 나는 먹어요.
You run. 당신은 달려요.
She sleeps. 그녀는 자요.
We study. 우리는 공부해요.

22

여기서 eat, run, sleep, study가 모두 다 동사입니다. '먹다, 달리다, 자다, 공부하다'가 모두 행동에 해당하는 단어이기 때문에 '동사'라고 부릅니다.

그런데 동사가 꼭 '움직이는 행동'만 나타내는 건 아닙니다. 예를 들어 보겠습니다.

I know her. 나는 그녀를 알아요.
He likes pizza. 그는 피자를 좋아해요.
They need help. 그들은 도움이 필요해요.

'알다, 좋아하다, 필요하다' 이런 것들은 눈에 보이지는 않지만, 생각, 느낌, 상태를 말해 주는 단어입니다. 이 단어들도 동사라고 부릅니다.

정리하면, '동사'란 누가 무엇을 '한다'를 말해 주는 단어입니다. 행동이든, 생각이든, 감정이든 주체가 어떤 것을 한다고 말할 때는 모두 동사라고 부릅니다. 그럼 앞에서 배운 영어 어순에 다양한 동사들을 적용해서 문장을 배워 보겠습니다.

23

그날 배워야 하는 영어의 기초 뼈대를 배워 봅니다.
선생님이 직접 강의하듯 친절하고 알기 쉬운 설명으로
영어의 기초를 차근차근 익혀 보세요.

STEP 2

영어의 뼈대 익히기

STEP 2

영어의 뼈대 익히기

다음 표를 보면서 영어의 기본 어순을 익혀 보세요.

	주어+동사 (누가+한다)	+목적어 (무엇을)
1	I have 나는 가지고 있다	a house. 집을.
2	I drink 나는 마신다	water. 물을.
3	We want 우리는 원한다	peace. 평화를.
4	I meet 나는 만난다	my friend. 내 친구를.
5	I love 나는 사랑한다	you. 너를.
6	I know 나는 알고 있다	your name. 네 이름을.
7	I write 나는 쓴다	a letter. 편지를.
8	I like 나는 좋아한다	coffee. 커피를.
9	You need 너는 필요하다	my help. 내 도움이.
10	They study 그들은 공부한다	English. 영어를.

16

오늘의 어휘

I 나	have 가지고 있다	house 집	drink 마시다
water 물	we 우리	want 원하다	peace 평화
meet 만나다	my 나의	friend 친구	love 사랑하다
you 너	know 알다	your 너의	name 이름
write 쓰다	letter 편지	like 좋아하다	coffee 커피
need 필요하다	help 도움	they 그들	study 공부하다

17

앞에서 배운 내용을 토대로 실제 영어 문장을 익혀 봅니다.
영어는 어순이 중요하기 때문에 영어 어순에 따른 해석으로
함께 외워 보세요. 필요한 어휘는 오른쪽 페이지에 실었습니다.

STEP 3
영어 어순 따라 말해 보기

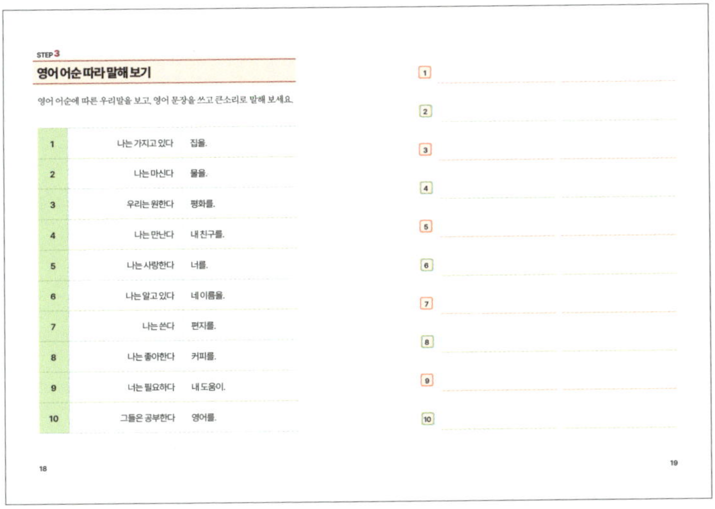
STEP 3

영어 어순 따라 말해 보기

영어 어순에 따른 우리말을 보고, 영어 문장을 쓰고 큰소리로 말해 보세요.

1	나는 가지고 있다	집을.
2	나는 마신다	물을.
3	우리는 원한다	평화를.
4	나는 만난다	내 친구를.
5	나는 사랑한다	너를.
6	나는 알고 있다	네 이름을.
7	나는 쓴다	편지를.
8	나는 좋아한다	커피를.
9	너는 필요하다	내 도움이.
10	그들은 공부한다	영어를.

1
2
3
4
5
6
7
8
9
10

18

19

영어의 어순에 따른 우리말 문장을 보면서, 바로 영어로 말할 수 있게 연습해 보세요. 오른쪽에 써 보고 MP3도 들으면서 문장을 반복해서 익혀 봅니다.

STEP 4
영어로 즉시 말해 보기

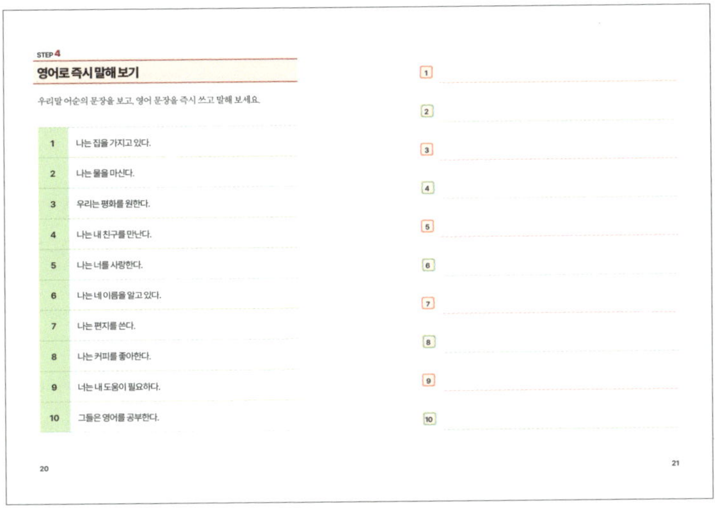
STEP 4

영어로 즉시 말해 보기

우리말 어순의 문장을 보고, 영어 문장을 즉시 쓰고 말해 보세요.

1	나는 집을 가지고 있다.
2	나는 물을 마신다.
3	우리는 평화를 원한다.
4	나는 내 친구를 만난다.
5	나는 너를 사랑한다.
6	나는 네 이름을 알고 있다.
7	나는 편지를 쓴다.
8	나는 커피를 좋아한다.
9	너는 내 도움이 필요하다.
10	그들은 영어를 공부한다.

1
2
3
4
5
6
7
8
9
10

20

21

이제는 완전한 우리말 문장을 보면서 영어 문장을 정확하게 말할 수 있는지 직접 써 보세요. 우리말 문장을 보자마자 즉시 영어 문장이 나올 수 있을 때까지 연습하세요.

원어민 MP3 듣기

① 스마트폰에서 MP3 바로 듣기

MP3

스마트폰으로 QR코드를 인식하면
MP3를 바로 들을 수 있습니다.

② 컴퓨터에서 MP3 다운받기

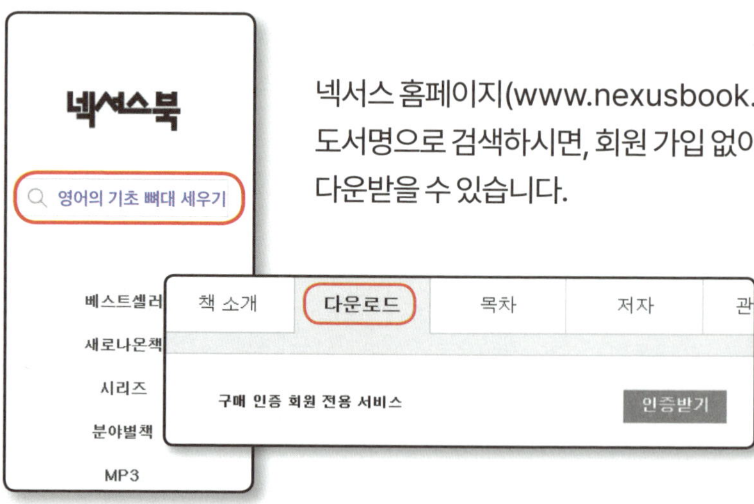

넥서스 홈페이지(www.nexusbook.com)에서
도서명으로 검색하시면, 회원 가입 없이 바로 무료로
다운받을 수 있습니다.

저자 유튜브 활용하기

저자의 유튜브 채널 '본즈 영어'를 방문해 보세요. 선생님이 직접 친절하게 설명해 주시는 무료 강의를 들을 수 있습니다. 도서와 함께 활용하면 영어 회화가 더욱 쉬워집니다.

저자 유튜브
바로가기

목차

영어의 기초 뼈대 세우기

CHAPTER 01

영어의 기본 어순

STEP 1

영어의 뼈대 배우기

"영어는 왜 이렇게 헷갈리지?"

이런 고민, 해 보신 적 있죠?

많은 한국 사람들이 처음 영어를 배울 때 문장 만드는 것을 어려워합니다. 그 이유는 우리말에서 쓰는 단어의 어순과 영어에서 쓰는 단어의 어순이 다르기 때문이에요. 우리말에 평생 익숙해져 있는 한국인이 갑자기 단어의 순서를 바꿔서 유창하게 말하는 것은 어렵습니다.

하지만 희망적인 것은, 영어도 하나의 언어이기 때문에 정해져 있는 규칙이 있다는 것입니다. 영어의 어순이 어떻게 이루어져 있는지를 정확히 숙지한다면, 영어로 문장을 만드는 것이 아주 어렵지는 않을 거예요.

영어의 가장 기본적인 어순은 다음과 같습니다.

주어 + 동사 + 목적어

'주어'는 어떤 행동을 하는 주체이고, '동사'는 그 주체가 행하는 행동입니다. '목적어'는 말 그대로 행동의 목적이 되는 단어입니다. 쉬운 말로 하면 '누가+한다+무엇을'이 되는 것이죠. 주어와 목적어 자리에는 '명사'를 사용하고, 동사 자리에는 '동사'를 사용합니다.

우리말의 기본적인 어순이 '주어+목적어+서술어'인 것과 비교하면, 영어는 주어 뒤에 동사가 온다는 것이 크게 다른 점입니다. 심지어 우리말은 목적어와 주어의 위치를 바꿔도 문장이 말이 됩니다. 예를 들어, '나는 너를 원한다.'와 '너를 나는 원한다.'가 단어의 어순은 다르지만 같은 의미를 나타내는 것과 같습니다.
하지만 영어는 'I want you.'와 'You want me.'의 의미가 완전히 다릅니다. 반드시 정해져 있는 어순을 지켜야 한다는 것을 꼭 유념하세요.

STEP 2

영어의 뼈대 익히기

다음 표를 보면서 영어의 기본 어순을 익혀 보세요.

	주어+동사 (누가+한다)	+목적어 (무엇을)
1	I have 나는 가지고 있다	a house. 집을.
2	I drink 나는 마신다	water. 물을.
3	We want 우리는 원한다	peace. 평화를.
4	I meet 나는 만난다	my friend. 내 친구를.
5	I love 나는 사랑한다	you. 너를.
6	I know 나는 알고 있다	your name. 네 이름을.

7	I write 나는 쓴다	a letter. 편지를.
8	I like 나는 좋아한다	coffee. 커피를.
9	You need 너는 필요하다	my help. 내 도움이.
10	They study 그들은 공부한다	English. 영어를.

오늘의 어휘

I 나	**have** 가지고 있다	**house** 집	**drink** 마시다
water 물	**we** 우리	**want** 원하다	**peace** 평화
meet 만나다	**my** 나의	**friend** 친구	**love** 사랑하다
you 너	**know** 알다	**your** 너의	**name** 이름
write 쓰다	**letter** 편지	**like** 좋아하다	**coffee** 커피
need 필요하다	**help** 도움	**they** 그들	**study** 공부하다

STEP 3

영어 어순 따라 말해 보기

영어 어순에 따른 우리말을 보고, 영어 문장을 쓰고 큰소리로 말해 보세요.

1	나는 가지고 있다	집을.
2	나는 마신다	물을.
3	우리는 원한다	평화를.
4	나는 만난다	내 친구를.
5	나는 사랑한다	너를.
6	나는 알고 있다	네 이름을.
7	나는 쓴다	편지를.
8	나는 좋아한다	커피를.
9	너는 필요하다	내 도움이.
10	그들은 공부한다	영어를.

1

2

3

4

5

6

7

8

9

10

STEP 4

영어로 즉시 말해 보기

우리말 어순의 문장을 보고, 영어 문장을 즉시 쓰고 말해 보세요.

1	나는 집을 가지고 있다.
2	나는 물을 마신다.
3	우리는 평화를 원한다.
4	나는 내 친구를 만난다.
5	나는 너를 사랑한다.
6	나는 네 이름을 알고 있다.
7	나는 편지를 쓴다.
8	나는 커피를 좋아한다.
9	너는 내 도움이 필요하다.
10	그들은 영어를 공부한다.

1

2

3

4

5

6

7

8

9

10

CHAPTER 02

동사가 중요한 이유

STEP 1

영어의 뼈대 배우기

앞에서 영어의 어순은 '주어+동사+목적어'가 기본이라고 했습니다. 이번에는 동사가 무엇인지에 대해 알아 보겠습니다. 영어 문장을 만들 때 가장 중요한 건 바로 동사입니다.

동사를 쉽게 설명하면, '행동을 나타내는 말'입니다. 다시 말해서, 주체가 무엇을 하느냐를 알려주는 단어입니다. 예를 들어 보겠습니다.

I eat. 나는 먹어요.

You run. 당신은 달려요.

She sleeps. 그녀는 자요.

We study. 우리는 공부해요.

여기서 eat, run, sleep, study가 모두 다 동사입니다. '먹다, 달리다, 자다, 공부하다'가 모두 행동에 해당하는 단어이기 때문에 '동사'라고 부릅니다.

그런데 동사가 꼭 '움직이는 행동'만 나타내는 건 아닙니다. 예를 들어 보겠습니다.

I know her. 나는 그녀를 알아요.

He likes pizza. 그는 피자를 좋아해요.

They need help. 그들은 도움이 필요해요.

'알다, 좋아하다, 필요하다' 이런 것들은 눈에 보이지는 않지만, 생각, 느낌, 상태를 말해 주는 단어입니다. 이 단어들도 동사라고 부릅니다.

정리하면, '동사'란 누가 무엇을 '한다'를 말해 주는 단어입니다. 행동이든, 생각이든, 감정이든 주체가 어떤 것을 한다고 말할 때는 모두 동사라고 부릅니다. 그럼 앞에서 배운 영어 어순에 다양한 동사들을 적용해서 문장을 배워 보겠습니다.

STEP 2

영어의 뼈대 익히기

다음 표를 보면서 다양한 동사를 익혀 보세요.

	주어+동사 (누가+한다)	+목적어. (무엇을)
1	I eat 나는 먹는다	an apple. 사과를.
2	I read 나는 읽는다	a book. 책을.
3	I open 나는 연다	the door. 문을.
4	I clean 나는 청소한다	my room. 내 방을.
5	I wash 나는 씻는다	my hands. 손을.
6	I like 나는 좋아한다	pizza. 피자를.

7	**We need** 우리는 필요하다	**more time.** 더 많은 시간이.
8	**I know** 나는 알고 있다	**the answer.** 정답을.
9	**I want** 나는 원한다	**a new car.** 새 자동차를.
10	**I believe** 나는 믿는다	**you.** 너를.

오늘의 어휘

eat 먹다	**apple** 사과	**read** 읽다	**book** 책
open 열다	**door** 문	**clean** 청소하다	**room** 방
wash 씻다	**hand** 손	**pizza** 피자	**more** 더 많은
time 시간	**answer** 정답	**new** 새로운	**car** 차
believe 믿다			

STEP 3

영어 어순 따라 말해 보기

영어 어순에 따른 우리말을 보고, 영어 문장을 쓰고 큰소리로 말해 보세요.

1	나는 먹는다	사과를.
2	나는 읽는다	책을.
3	나는 연다	문을.
4	나는 청소한다	내 방을.
5	나는 씻는다	손을.
6	나는 좋아한다	피자를.
7	우리는 필요하다	더 많은 시간이.
8	나는 알고 있다	정답을.
9	나는 원한다	새 자동차를.
10	나는 믿는다	너를.

1

2

3

4

5

6

7

8

9

10

STEP 4

영어로 즉시 말해 보기

우리말 어순의 문장을 보고, 영어 문장을 즉시 쓰고 말해 보세요.

1	나는 사과를 먹는다.
2	나는 책을 읽는다.
3	나는 문을 연다.
4	나는 내 방을 청소한다.
5	나는 손을 씻는다.
6	나는 피자를 좋아한다.
7	우리는 더 많은 시간이 필요하다.
8	나는 정답을 알고 있다.
9	나는 새 자동차를 원한다.
10	나는 너를 믿는다.

1

2

3

4

5

6

7

8

9

10

CHAPTER 03

일반동사의 개념과 특징

STEP 1

영어의 뼈대 배우기

'하다'라는 의미를 가진 것을 '동사'라고 했습니다. 이런 동사들을 '일반동사'라고 부릅니다. 갑자기 '일반'이라는 단어가 붙어서 당황스러울 수 있지만, 또 다른 역할을 하는 동사가 있기 때문에 이건 알아 두는 것이 좋습니다. 일반동사는 딱 두 가지만 기억하면 됩니다.

첫째, 주어가 3인칭 단수(He, She, It…)일 때는 동사에 변화가 생깁니다. 어떤 변화냐고요? 동사 뒤에 -s 혹은 -es가 붙습니다. 예를 들어 보겠습니다.

그는 축구를 한다.

He play soccer. (X) **He plays soccer. (O)**

그녀는 숙제를 한다.

She do homework. (X) **She does homework. (O)**

주어가 복수(여러 개)이거나 1, 2인칭(I, You, We…)인 경우에는 원래의 형태인 '동사원형'을 쓴다는 것도 기억해 두세요.

둘째, 각각의 동사는 과거의 의미를 갖는 '과거형'을 갖습니다. 과거에 일어난 일을 말할 때는 과거형 동사를 써서 말을 해야 합니다. 예를 들어 보겠습니다.

He open the door. 그는 문을 연다.

→ **He opened the door.** 그는 문을 열었다.

I see a movie. 나는 영화를 본다.

→ **I saw a movie.** 나는 영화를 봤다.

대부분의 일반동사는 뒤에 -ed를 붙이면 과거형이 됩니다. 하지만 예외도 있습니다. 규칙 없이 변하는 불규칙 동사인데요, 이건 차차 조금씩 외워가시면 됩니다. 불규칙 동사는 말 그대로 과거형 동사를 만드는 데에 특정한 규칙이 없기 때문에, 꼭 외워야만 합니다.

STEP 2

영어의 뼈대 익히기

다음 표를 보면서 일반동사의 특징을 익혀 보세요.

	1. 3인칭 단수 주어: 동사 뒤에 -s/-es 2. 과거형: 동사 뒤에 -ed (불규칙 동사는 별도 암기)	
1	**He needs** 그는 필요하다	**my help.** 내 도움이.
2	**She drinks** 그녀는 마신다	**water.** 물을.
3	**Tom reads** 톰은 읽는다	**a book.** 책을.
4	**Emily loves** 에밀리는 사랑한다	**him.** 그를.
5	**My dog likes** 내 강아지는 좋아한다	**me.** 나를.
6	**We watched** 우리는 봤다	**a movie.** 영화를.

7	**He opened** 그는 열었다	**the door.** 문을.
8	**My son broke** 내 아들은 깨뜨렸다	**the window.** 창문을.
9	**She wrote** 그녀는 썼다	**a letter.** 편지를.
10	**My husband fixed** 내 남편은 고쳤다	**the chair.** 의자를.

오늘의 어휘

him 그를	**dog** 개	**me** 나를
watch 보다	**movie** 영화	**son** 아들
break 깨뜨리다	**window** 창문	**husband** 남편
fix 고치다	**chair** 의자	

STEP 3

영어 어순 따라 말해 보기

영어 어순에 따른 우리말을 보고, 영어 문장을 쓰고 큰소리로 말해 보세요.

1	그는 필요하다	내 도움이.
2	그녀는 마신다	물을.
3	톰은 읽는다	책을.
4	에밀리는 사랑한다	그를.
5	내 강아지는 좋아한다	나를.
6	우리는 봤다	영화를.
7	그는 열었다	문을.
8	내 아들은 깨뜨렸다	창문을.
9	그녀는 썼다	편지를.
10	내 남편은 고쳤다	의자를.

1

2

3

4

5

6

7

8

9

10

STEP 4

영어로 즉시 말해 보기

우리말 어순의 문장을 보고, 영어 문장을 즉시 쓰고 말해 보세요.

1	그는 내 도움이 필요하다.
2	그녀는 물을 마신다.
3	톰은 책을 읽는다.
4	에밀리는 그를 사랑한다.
5	내 강아지는 나를 좋아한다.
6	우리는 영화를 봤다.
7	그는 문을 열었다.
8	내 아들은 창문을 깨뜨렸다.
9	그녀는 편지를 썼다.
10	내 남편은 의자를 고쳤다.

1

2

3

4

5

6

7

8

9

10

CHAPTER 04

나의 일상을 말하기

STEP 1

영어의 뼈대 배우기

일반동사가 어떤 것인지 어느 정도 알았다면, 언제 어떻게 쓰는지 알아 볼 차례예요. 답은 간단합니다. 일반동사는 주로 '반복되는 일상'이나 '습관'을 말할 때 사용합니다. 예를 들어 보겠습니다.

I wake up at 7. 나는 7시에 일어나요.

She drinks coffee every morning. 그녀는 매일 아침 커피를 마셔요.

He goes to work by bus. 그는 버스를 타고 출근해요.

We have lunch at 12. 우리는 12시에 점심을 먹어요.

They play tennis on weekends. 그들은 주말마다 테니스를 쳐요.

위 문장들에서 어떤 공통점이 보이시나요? 모두 반복되는 일상이에요. '매일, 자주, 항상, 주말마다' 이런 단어들과 잘 어울리죠?

일반동사는 아침에 일어나는 것, 커피를 마시는 것, 출근하는 것, 밥을 먹는 것처럼 매일 하는 일, 습관적인 행동을 말할 때 주로 쓰입니다. 그래서 언제, 어디서, 얼마나 자주 하는지를 말해 주는 표현을 문장에서 함께 써 주면 좋습니다. 그런 표현들을 알아보겠습니다.

at 7 7시에

every morning 매일 아침

by bus 버스로, 버스를 타고

on weekends 주말마다

in the bathroom 욕실에서

with my family 가족과 함께

after dinner 저녁식사 후에

이렇게 어떤 시기나 빈도를 나타내는 표현들을 많이 알아 두면 다양한 일상 문장을 만들 수 있습니다.

STEP 2

영어의 뼈대 익히기

다음 표를 보면서 일상을 말하는 문장을 익혀 보세요.

	주어+동사 (누가+한다)	+부사구. (언제/어디서/얼마나 자주)
1	**I wake up** 나는 일어난다	**at 6.** 6시에.
2	**I wash my face** 나는 세수한다	**in the bathroom.** 욕실에서.
3	**I have breakfast** 나는 아침을 먹는다	**with my family.** 가족과 함께.
4	**I leave home** 나는 집을 나선다	**at 8.** 8시에.
5	**I start work** 나는 일을 시작한다	**at 9.** 9시에.
6	**I clean the house** 나는 집을 청소한다	**in the morning.** 오전에.

7	**I finish work** 나는 일을 마친다	**at 6.** 6시에.
8	**I come back home** 나는 집에 돌아온다	**around 7.** 7시쯤에.
9	**I do the dishes** 나는 설거지를 한다	**after dinner.** 저녁식사 후에.
10	**I go to bed** 나는 잠자리에 든다	**around 10 p.m.** 저녁 10시쯤에.

오늘의 어휘

wake up 일어나다	**at** ~에(시간)	**wash** 씻다	**face** 얼굴
in ~안에	**bathroom** 욕실	**have** 먹다	**breakfast** 아침식사
with ~와 함께	**family** 가족	**leave** 떠나다	**home** 집
start 시작하다	**work** 일	**clean** 청소하다	**morning** 아침
finish 끝내다	**come back** 돌아오다	**around** ~쯤	**do the dishes** 설거지를 하다
after ~후에	**go to bed** 잠자리에 들다	**p.m.** 오후	

STEP 3

영어 어순 따라 말해 보기

영어 어순에 따른 우리말을 보고, 영어 문장을 쓰고 큰소리로 말해 보세요.

1	나는 일어난다	6시에.
2	나는 세수한다	욕실에서.
3	나는 아침을 먹는다	가족과 함께.
4	나는 집을 나선다	8시에.
5	나는 일을 시작한다	9시에.
6	나는 집을 청소한다	오전에.
7	나는 일을 마친다	6시에.
8	나는 집에 돌아온다	7시쯤에.
9	나는 설거지를 한다	저녁식사 후에.
10	나는 잠자리에 든다	저녁 10시쯤에.

1

2

3

4

5

6

7

8

9

10

STEP 4

영어로 즉시 말해 보기

우리말 어순의 문장을 보고, 영어 문장을 즉시 쓰고 말해 보세요.

1	나는 6시에 일어난다.
2	나는 욕실에서 세수한다.
3	나는 가족과 함께 아침을 먹는다.
4	나는 8시에 집을 나선다.
5	나는 9시에 일을 시작한다.
6	나는 오전에 집을 청소한다.
7	나는 6시에 일을 마친다.
8	나는 7시쯤에 집에 돌아온다.
9	나는 저녁식사 후에 설거지를 한다.
10	나는 저녁 10시쯤 잠자리에 든다.

1

2

3

4

5

6

7

8

9

10

CHAPTER 05

일반동사 의문문

STEP 1

영어의 뼈대 배우기

이번에는 일반동사의 의문문에 대해서 배워 보겠습니다. 의문문이란, 말 그대로 무언가를 물어보고 싶을 때 사용하는 문장입니다. 일반동사로는 어떤 내용을 물어볼까요? 주로 상대방의 ① 취향 및 감정을 물을 때, ② 습관 및 일상을 물을 때, ③ 사실이나 정보를 확인할 때 사용됩니다.

취향 및 감정을 묻기

Do you like? 좋아해? / **Do you love?** 사랑해? /

Do you enjoy? 즐겨 해? / **Do you hate?** 싫어해?

습관 및 일상을 묻기

Do you get up? 일어나? / **Do you eat?** 먹어? /

Do you work? 일해? / **Do you exercise?** 운동해?

사실이나 정보를 묻기

Do you know? 알아? / **Do you have?** 가지고 있어? /

Do you need? 필요해? / **Do you remember?** 기억해?

일반동사 의문문은 일반 문장(평서문) 앞에 Do를 붙입니다.

Do you / I / we / they +동사원형?

위 의문문은 1, 2인칭 주어, 복수 주어일 때 사용하는 것이고, 아래처럼 주어가 3인칭 단수(he, she, it…)일 때는 Do 대신 Does를 씁니다.

Does he / she / it +동사원형?

이렇게만 보면 의문문이 어렵게 보일 수 있지만, 처음은 항상 어렵습니다. 반복해서 연습하다 보면 어느새 금방 할 수 있게 될 거예요. 다음 훈련 문장들은 여러 가지를 한꺼번에 연습하지 않고, 어순 감각을 정확하게 익히기 위해 "Do you ~?"로 시작하는 문장만 집중해서 연습해 보겠습니다.

STEP 2

영어의 뼈대 익히기

다음 표를 보면서 일반동사 의문문을 익혀 보세요.

	Do+주어+동사	+목적어/부사?
1	Do you like 너는 좋아해?	coffee? 커피를
2	Do you live 너는 살아?	around here? 이 주변에
3	Do you have 너는 가지고 있어?	any siblings? 형제자매를
4	Do you get up 너는 일어나?	early? 일찍
5	Do you work 너는 일해?	on weekends? 주말에
6	Do you need 너는 필요해?	my help? 내 도움이

7	Do you know 너는 알아?	his number? 그의 번호를
8	Do you love 너는 사랑해?	me? 나를
9	Do you remember 너는 기억해?	him? 그를
10	Do you exercise 너는 운동해?	every day? 매일

오늘의 어휘

live 살다	**around** ~주변에	**have** 가지고 있다
any 어떤	**sibling** 형제자매	**get up** 일어나다
early 일찍	**his** 그의	**number** 번호, 전화번호
remember 기억하다	**him** 그를	**exercise** 운동하다
every day 매일		

STEP 3

영어 어순 따라 말해 보기

영어 어순에 따른 우리말을 보고, 영어 문장을 쓰고 큰소리로 말해 보세요.

1	너는 좋아해?	커피를
2	너는 살아?	이 주변에
3	너는 가지고 있어?	형제자매를
4	너는 일어나?	일찍
5	너는 일해?	주말에
6	너는 필요해?	내 도움이
7	너는 알아?	그의 번호를
8	너는 사랑해?	나를
9	너는 기억해?	그를
10	너는 운동해?	매일

1

2

3

4

5

6

7

8

9

10

STEP 4

영어로 즉시 말해 보기

우리말 어순의 문장을 보고, 영어 문장을 즉시 쓰고 말해 보세요.

1	커피를 좋아해?
2	이 주변에 살아?
3	형제나 자매가 있어?
4	일찍 일어나?
5	주말에 일해?
6	내 도움이 필요해?
7	그의 번호를 알아?
8	나를 사랑해?
9	그를 기억해?
10	매일 운동해?

1

2

3

4

5

6

7

8

9

10

CHAPTER 06

일반동사 부정문

STEP 1

영어의 뼈대 배우기

앞에서 일반동사의 긍정문과 의문문을 배웠습니다. 그럼 이제 궁금한 게 하나 생길 거예요. "아니라고 말하고 싶을 땐 어떻게 하나요?" 그게 바로 부정문입니다. 예를 들면 이런 말입니다.

나는 커피를 좋아하지 않아요.

그는 아침을 먹지 않아요.

우리는 영어를 공부하지 않아요.

이렇게 '무엇을 하지 않는다'라고 말하고 싶을 때 우리는 부정문을 사용합니다. 부정문을 만드는 방법은 아주 간단합니다. 동사원형 앞에 don't(=do not)를 써 주면 됩니다. 예문을 보겠습니다.

I don't like coffee. 나는 커피를 좋아하지 않는다.

We don't need any help. 우리는 도움이 필요하지 않다.

단, 의문문과 마찬가지로 주어가 3인칭 단수(he, she, it…)일 경우에는 don't 대신 doesn't(=does not)를 씁니다. 예문을 보면 다음과 같습니다.

He doesn't like coffee. 그는 커피를 좋아하지 않는다.

She doesn't work at home. 그녀는 집에서 일하지 않는다.

이때는 동사에 -s/-es를 붙이지 않고 꼭 동사원형을 쓴다는 것을 기억해야 합니다. 지금부터 연습할 예문은 don't만 사용해 보겠습니다. 자연스럽게 말하는 것이 익숙해지면 3인칭 주어로 바꿔서 문장을 훈련해 보세요.

STEP 2

영어의 뼈대 익히기

다음 표를 보면서 일반동사 부정문을 익혀 보세요.

	주어+don't+동사	+목적어/부사.
1	I don't like 나는 안 좋아해	chocolate. 초콜릿을.
2	I don't know 나는 알지 못해	the answer. 정답을.
3	I don't eat 나는 안 먹어	vegetables. 야채를.
4	I don't have 나는 가지고 있지 않아	a car. 자동차를.
5	I don't need 나는 필요하지 않아	any help. 어떤 도움도.
6	I don't live 나는 살지 않아	in an apartment. 아파트에.

7	**I don't drink** 나는 안 마셔	**coffee.** 커피를.
8	**I don't hate** 나는 싫어하지 않아	**you.** 너를.
9	**I don't work** 나는 일하지 않아	**here.** 여기서.
10	**I don't remember** 나는 기억을 못해	**anything.** 아무것도.

오늘의 어휘

chocolate 초콜릿	**vegetable** 야채	**apartment** 아파트
hate 싫어하다	**here** 여기에서	**anything** 어떤 것

STEP 3

영어 어순 따라 말해 보기

영어 어순에 따른 우리말을 보고, 영어 문장을 쓰고 큰소리로 말해 보세요.

1	나는 안 좋아해	초콜릿을.
2	나는 알지 못해	정답을.
3	나는 안 먹어	야채를.
4	나는 가지고 있지 않아	자동차를.
5	나는 필요하지 않아	어떤 도움도.
6	나는 살지 않아	아파트에.
7	나는 안 마셔	커피를.
8	나는 싫어하지 않아	너를.
9	나는 일하지 않아	여기서.
10	나는 기억을 못해	아무것도.

1

2

3

4

5

6

7

8

9

10

STEP 4

영어로 즉시 말해 보기

우리말 어순의 문장을 보고, 영어 문장을 즉시 쓰고 말해 보세요.

1	나는 초콜릿을 안 좋아해.
2	나는 정답을 몰라.
3	나는 야채를 안 먹어.
4	나는 자동차가 없어.
5	나는 어떤 도움도 필요하지 않아.
6	나는 아파트에 살지 않아.
7	나는 커피를 안 마셔.
8	나는 너를 싫어하지 않아.
9	나는 여기서 일하지 않아.
10	나는 아무것도 기억을 못해.

1

2

3

4

5

6

7

8

9

10

CHAPTER 07

일반동사 과거형

STEP 1

영어의 뼈대 배우기

지금까지 우리는 "나는 밥을 먹어.", "그녀는 책을 읽어." 이렇게 일상적으로 하는 행동, 즉 현재시제로 말하는 연습을 했습니다. 그럼 이런 말은 어떻게 할까요? "나는 어제 밥을 먹었어.", "그녀는 지난주에 책을 읽었어." 이렇게 '과거에 한 일'을 말할 땐 동사를 과거형으로 바꿔야 합니다. 일반동사의 과거형을 만드는 것은 간단합니다. 동사 뒤에 -ed만 붙이면 됩니다.

현재형	과거형	의미
work	worked	일했다
play	played	놀았다/연주했다
clean	cleaned	청소했다

위의 표를 토대로 이런 문장들을 만들 수 있습니다.

I **worked** yesterday. 나는 어제 일을 했다.

She **played** the piano. 그녀는 피아노를 연주했다.

They **cleaned** their house. 그들은 그들의 집을 청소했다.

그런데 예외도 있습니다. 모든 동사에 -ed를 붙인다고 전부 과거형이 되지는 않습니다. 몇몇 동사들은 과거형과 현재형이 완전히 다른 모습입니다. 규칙적으로 변하지 않는다고 해서 이걸 불규칙 동사라고 합니다.

자주 쓰는 과거형 불규칙 동사를 몇 개만 배워 보겠습니다. 이 동사들은 매우 자주 쓰기 때문에 꼭 외워 두시면 영어 문장을 말하는 데 유용합니다.

현재형	과거형	의미
go	went	갔다
make	made	만들었다
find	found	찾았다
meet	met	만났다
sit	sat	앉았다
hear	heard	들었다
build	built	지었다/건설했다

STEP 2

영어의 뼈대 익히기

다음 표를 보면서 일반동사 과거형을 익혀 보세요.

	주어+과거형 동사	+목적어/부사.
1	He went 그는 갔다	to the airport. 공항으로.
2	I made 나는 만들었다	a chair. 의자를.
3	We found 우리는 찾았다	a good restaurant. 좋은 식당을.
4	I met 나는 만났다	my old friend. 옛 친구를.
5	I worked 나는 일했다	hard. 열심히.
6	My friend helped 내 친구는 도왔다	me. 나를.

7	I sat 나는 앉았다	next to her. 그녀 옆에.
8	We talked 우리는 얘기했다	for a long time. 오랫동안.
9	I heard 나는 들었다	a strange noise. 이상한 소리를.
10	They built 그들은 지었다	a house. 집을.

오늘의 어휘

to ~로	**airport** 공항	**make** 만들다
chair 의자	**find** 찾다	**good** 좋은
restaurant 식당	**meet** 만나다	**old** 오래 된, 옛
hard 열심히	**sit** 앉다	**next to** ~옆에
talk 이야기하다	**for a long time** 오랫동안	**hear** 듣다
strange 이상한	**noise** 소음	**build** 짓다, 건설하다

STEP 3

영어 어순 따라 말해 보기

영어 어순에 따른 우리말을 보고, 영어 문장을 쓰고 큰소리로 말해 보세요.

1	그는 갔다	공항으로.
2	나는 만들었다	의자를.
3	우리는 찾았다	좋은 식당을.
4	나는 만났다	옛 친구를.
5	나는 일했다	열심히.
6	내 친구는 도왔다	나를.
7	나는 앉았다	그녀 옆에.
8	우리는 얘기했다	오랫동안.
9	나는 들었다	이상한 소리를.
10	그들은 지었다	집을.

1

2

3

4

5

6

7

8

9

10

STEP 4

영어로 즉시 말해 보기

우리말 어순의 문장을 보고, 영어 문장을 즉시 쓰고 말해 보세요.

1	그는 공항으로 갔다.
2	나는 의자를 만들었다.
3	우리는 좋은 식당을 찾았다.
4	나는 옛 친구를 만났다.
5	나는 열심히 일했다.
6	내 친구는 나를 도와주었다.
7	나는 그녀 옆에 앉았다.
8	우리는 오랫동안 대화했다.
9	나는 이상한 소리를 들었다.
10	그들은 집을 지었다.

1

2

3

4

5

6

7

8

9

10

CHAPTER 08

일반동사 과거형 의문문

STEP 1

영어의 뼈대 배우기

앞에서 우리는 "나는 어제 밥을 먹었어.", "그녀는 지난주에 책을 읽었어."와 같이 과거에 한 행동을 표현하는 방법을 배웠습니다. 그럼 이제는 이렇게 말하고 싶을 때가 생길 거예요. "너 어제 TV 봤어?", "그녀는 지난주에 학교에 갔어?"와 같은 과거에 대한 질문 말이죠.

이런 과거형 의문문은 어떻게 만들까요? 현재형 의문문에서는 문장 앞에 Do/Does를 썼다면, 과거형 의문문에서는 Do/Does 대신 Did를 쓰면 됩니다. 다행히 과거형 의문문은 주어가 어떤 형태이든 Did 하나만 사용합니다.

그래서 기본 구조는 다음과 같습니다.

Did+주어+동사원형?

여기서 동사는 꼭 원형으로 써야 합니다. 즉, 동사를 과거형으로 바꾸면 안 됩니다. 왜냐하면 이미 Did가 과거임을 말했기 때문입니다.

간단히 과거형 의문문 몇 개를 확인해 보겠습니다.

I watched TV. → **Did you watch TV?**
너는 TV를 봤니?

She cooked dinner. → **Did she cook dinner?**
그녀는 저녁식사를 요리했니?

He drank water. → **Did he drink water?**
그는 물을 마셨니?

STEP 2

영어의 뼈대 익히기

다음 표를 보면서 일반동사 과거형 의문문을 익혀 보세요.

	Did+주어+동사원형	+목적어/부사?
1	Did you study 너는 공부했어?	English? 영어를
2	Did you fix 너는 고쳤어?	your bike? 네 자전거를
3	Did you borrow 너는 빌렸어?	an umbrella? 우산을
4	Did you pass 너는 통과했어?	the test? 시험을
5	Did you buy 너는 샀어?	milk? 우유를
6	Did you sell 너는 팔았어?	your car? 네 차를

7	Did you check 너는 확인했어?	the weather? 날씨를
8	Did you send 너는 보냈어?	an email? 이메일을
9	Did you finish 너는 끝냈어?	homework? 숙제를
10	Did you eat 네가 먹었어?	my cake? 내 케이크를

오늘의 어휘

bike 자전거	**borrow** 빌리다	**umbrella** 우산
pass 통과하다	**test** 시험	**buy** 사다
milk 우유	**sell** 팔다	**check** 확인하다
weather 날씨	**send** 보내다	**email** 이메일
homework 숙제	**cake** 케이크	

STEP 3

영어 어순 따라 말해 보기

영어 어순에 따른 우리말을 보고, 영어 문장을 쓰고 큰소리로 말해 보세요.

1	너는 공부했어?	영어를
2	너는 고쳤어?	네 자전거를
3	너는 빌렸어?	우산을
4	너는 통과했어?	시험을
5	너는 샀어?	우유를
6	너는 팔았어?	네 차를
7	너는 확인했어?	날씨를
8	너는 보냈어?	이메일을
9	너는 끝냈어?	숙제를
10	네가 먹었어?	내 케이크를

1

2

3

4

5

6

7

8

9

10

STEP 4

영어로 즉시 말해 보기

우리말 어순의 문장을 보고, 영어 문장을 즉시 쓰고 말해 보세요.

1	영어를 공부했어?
2	네 자전거를 고쳤어?
3	우산을 빌렸어?
4	시험을 통과했어?
5	우유를 샀어?
6	네 차를 팔았어?
7	날씨를 확인했어?
8	이메일을 보냈어?
9	숙제를 끝냈어?
10	내 케이크를 먹었어?

1

2

3

4

5

6

7

8

9

10

CHAPTER 09

일반동사 과거형 부정문

STEP 1

영어의 뼈대 배우기

지금까지 일반동사에 대해 배운 것을 한번 떠올려 보겠습니다.

> **현재형 문장: I eat breakfast.**
>
> **과거형 문장: I ate breakfast.**

위 문장들은 불규칙 동사를 활용해서 내가 한 일을 말한 것입니다. 그리고 과거에 어떤 것을 했냐고 물어보는 것도 배웠죠. 문장 앞에 Did를 붙이고, 동사원형을 써 줬습니다. 이번에는 과거에 하지 않은 일에 대해 말하는 방법을 배워 보겠습니다. 이 표현은 과거형 부정문이라고 합니다.

> **나는 TV를 보지 않았다.**
>
> **그녀는 저녁식사를 요리하지 않았다.**

그는 부산을 방문하지 않았다.

이런 문장은 어떻게 말할 수 있을까요? 방법은 간단합니다. 현재형 부정문에서는 동사원형 앞에 don't/doesn't를 써 줬던 것처럼, 과거형 부정문은 동사원형 앞에 didn't를 붙여 줍니다.

주어+didn't+동사원형.

이때는 주어의 형태가 3인칭 단수인지, 복수인지, 1, 2인칭인지를 구분하지 않고 didn't 하나만 붙여 주면 됩니다. 현재형보다 간단합니다. 몇 가지 과거형 부정문을 더 보겠습니다.

I watched TV. → I didn't watch TV. 나는 TV를 보지 않았다.

She cooked dinner. → She didn't cook dinner.
그녀는 저녁식사를 요리하지 않았다.

He visited Busan. → He didn't visit Busan.
그는 부산을 방문하지 않았다.

STEP 2

영어의 뼈대 익히기

다음 표를 보면서 일반동사 과거형 부정문을 익혀 보세요.

	주어+didn't+동사원형	+목적어/부사.
1	**I didn't eat** 나는 먹지 않았다	**breakfast.** 아침을.
2	**I didn't see** 나는 보지 못했다	**anything.** 아무것도.
3	**I didn't meet** 나는 만나지 않았다	**my friend.** 내 친구를.
4	**I didn't use** 나는 사용하지 않았다	**your computer.** 네 컴퓨터를.
5	**I didn't know** 나는 몰랐다	**his name.** 그의 이름을.
6	**I didn't move** 나는 옮기지 않았다	**the table.** 테이블을.

7	I didn't break 나는 깨뜨리지 않았다	the window. 창문을.
8	I didn't open 나는 열지 않았다	the door. 문을.
9	I didn't touch 나는 만지지 않았다	anything. 아무것도.
10	I didn't wash 나는 씻지 않았다	my hands. 손을.

오늘의 어휘

breakfast 아침식사	**see** 보다	**meet** 만나다
use 사용하다	**your** 너의	**computer** 컴퓨터
name 이름	**move** 옮기다	**table** 테이블
break 깨뜨리다	**window** 창문	**touch** 만지다
hand 손		

STEP 3

영어 어순 따라 말해 보기

영어 어순에 따른 우리말을 보고, 영어 문장을 쓰고 큰소리로 말해 보세요.

1	나는 먹지 않았다	아침을.
2	나는 보지 못했다	아무것도.
3	나는 만나지 않았다	내 친구를.
4	나는 사용하지 않았다	네 컴퓨터를.
5	나는 몰랐다	그의 이름을.
6	나는 옮기지 않았다	테이블을.
7	나는 깨뜨리지 않았다	창문을.
8	나는 열지 않았다	문을.
9	나는 만지지 않았다	아무것도.
10	나는 씻지 않았다	손을.

1

2

3

4

5

6

7

8

9

10

STEP 4

영어로 즉시 말해 보기

우리말 어순의 문장을 보고, 영어 문장을 즉시 쓰고 말해 보세요.

1	나는 아침을 먹지 않았다.
2	나는 아무것도 보지 못했다.
3	나는 내 친구를 만나지 않았다.
4	나는 네 컴퓨터를 사용하지 않았다.
5	나는 그의 이름을 몰랐다.
6	나는 테이블을 옮기지 않았다.
7	나는 창문을 깨뜨리지 않았다.
8	나는 문을 열지 않았다.
9	나는 아무것도 만지지 않았다.
10	나는 손을 씻지 않았다.

1

2

3

4

5

6

7

8

9

10

CHAPTER 10

be동사의 개념과 특징

STEP 1

영어의 뼈대 배우기

지금까지 일반동사로 문장을 만드는 방법을 배웠다면, 이번에는 다른 동사 형태인 be동사에 대해 배워 보겠습니다. 이걸 잘 알아야 더 다양한 영어 문장을 만들 수 있고, 영어를 이해하는 눈이 확 트입니다. 가장 먼저, be동사는 왜 필요할까요? be동사는 상태나 정체를 말하고 싶을 때 쓰입니다. 예를 들면, 행복한 상태라고 말하고 싶을 때, 학생이라고 정체를 말하고 싶을 때 be동사를 사용합니다. 즉, 행동은 없지만 어떤 정보를 말해야 할 때, 그걸 연결해 주는 다리 역할이 바로 be동사입니다. be동사는 뒤에 어떤 말이 오느냐에 따라 의미가 달라져요.

be동사+명사 → ~이다

I am a teacher. 나는 선생님이다.

be동사+형용사 → ~한 상태이다

He **is** sick. 그는 아프다. (그는 아픈 상태이다.)

be동사+장소 → ~에 있다

We **are** at school. 우리는 학교에 있다.

be동사는 주어가 무엇인지에 따라 형태가 달라집니다.

주어	be동사
I	am
3인칭 단수(He, She, It...)	is
2인칭, 복수(You, We, They...)	are

이런 법칙을 활용해서 다음과 같은 문장들을 만들 수 있습니다.

I **am** happy. 나는 행복하다.

She **is** a nurse. 그녀는 간호사이다.

They **are** at the park. 그들은 공원에 있다.

STEP 2

영어의 뼈대 익히기

다음 표를 보면서 be동사 문장을 익혀 보세요.

	주어	+be동사+명사/형용사/장소.
1	I 나는	**am a teacher.** 선생님이다.
2	I 나는	**am his friend.** 그의 친구이다.
3	We 우리는	**are doctors.** 의사이다.
4	You 너는	**are smart.** 똑똑하다.
5	You 너희들은	**are pretty.** 예쁘다.
6	He 그는	**is tall.** 키가 크다.

7	She 그녀는	is hungry. 배고프다.
8	It 그것은	is on the table. 테이블 위에 있다.
9	They 그들은	are in the room. 방 안에 있다.
10	They 그것들은	are under the chair. 의자 밑에 있다.

오늘의 어휘

teacher 선생님	**friend** 친구	**doctor** 의사
smart 똑똑한	**pretty** 예쁜	**tall** 키가 큰
hungry 배고픈	**on** ~위에	**room** 방
under ~밑에	**chair** 의자	

STEP 3

영어 어순 따라 말해 보기

영어 어순에 따른 우리말을 보고, 영어 문장을 쓰고 큰소리로 말해 보세요.

1	나는	선생님이다.
2	나는	그의 친구이다.
3	우리는	의사이다.
4	너는	똑똑하다.
5	너희들은	예쁘다.
6	그는	키가 크다.
7	그녀는	배고프다.
8	그것은	테이블 위에 있다.
9	그들은	방 안에 있다.
10	그것들은	의자 밑에 있다.

1

2

3

4

5

6

7

8

9

10

STEP 4

영어로 즉시 말해 보기

우리말 어순의 문장을 보고, 영어 문장을 즉시 쓰고 말해 보세요.

1	나는 선생님이다.
2	나는 그의 친구이다.
3	우리는 의사이다.
4	너는 똑똑하다.
5	너희들은 예쁘다.
6	그는 키가 크다.
7	그녀는 배고프다.
8	그것은 테이블 위에 있다.
9	그들은 방 안에 있다.
10	그것들은 의자 밑에 있다.

1

2

3

4

5

6

7

8

9

10

CHAPTER 11

be동사 과거형

STEP 1

영어의 뼈대 배우기

be동사는 명사와 결합하면 '~이다', 형용사와 결합하면 '~한 상태이다', 장소와 결합하면 '~에 있다'를 나타내는 한국어에는 없는 특별한 동사입니다. 그리고 주어에 따라서 모양을 다음과 같이 바꿉니다.

주어	be동사
I	am
3인칭 단수(He, She, It...)	is
2인칭, 복수(You, We, They...)	are

위 be동사들은 현재형을 나타내는 것이었어요. 이번에는 be동사의 과거형에 대해서 배워 보겠습니다.

현재형이 '지금'의 상황을 말한다면, 과거형은 '과거'의 상황을 말합니다. 즉, 명사와 결합하면 '~이었다', 형용사와 결합하면 '~한 상태였다', 장소와 결합하면 '~에 있었다'라고 이해하시면 됩니다. be동사의 과거형은 딱 두 가지 형태입니다.

주어	be동사
1인칭, 3인칭 단수(He, She, It...)	was
2인칭, 복수(You, We, They...)	were

예문을 한번 보겠습니다.

I was happy. 나는 행복했다.

She was a nurse. 그녀는 간호사였다.

They were at the park. 그들은 공원에 있었다.

지금부터 be동사를 활용한 다양한 과거형 문장들을 연습해 보겠습니다.

STEP 2

영어의 뼈대 익히기

다음 표를 보면서 be동사 과거형을 익혀 보세요.

	주어	+be동사+명사/형용사/장소.
1	I 나는	was a teacher. 선생님이었다.
2	I 나는	was his friend. 그의 친구였다.
3	We 우리는	were doctors. 의사였다.
4	You 너는	were smart. 똑똑했다.
5	You 너희들은	were kind. 친절했다.
6	He 그는	was short. 키가 작았다.

7	She 그녀는	was sick. 아팠다.
8	It 그것은	was on the table. 테이블 위에 있었다.
9	They 그들은	were in the room. 방 안에 있었다.
10	They 그것들은	were under the chair. 의자 밑에 있었다.

오늘의 어휘

smart 똑똑한	**kind** 친절한	**short** 키가 작은	**sick** 아픈

STEP 3

영어 어순 따라 말해 보기

영어 어순에 따른 우리말을 보고, 영어 문장을 쓰고 큰소리로 말해 보세요.

1	나는	선생님이었다.
2	나는	그의 친구였다.
3	우리는	의사였다.
4	너는	똑똑했다.
5	너희들은	친절했다.
6	그는	키가 작았다.
7	그녀는	아팠다.
8	그것은	테이블 위에 있었다.
9	그들은	방 안에 있었다.
10	그것들은	의자 밑에 있었다.

1

2

3

4

5

6

7

8

9

10

STEP 4

영어로 즉시 말해 보기

우리말 어순의 문장을 보고, 영어 문장을 즉시 쓰고 말해 보세요.

1	나는 선생님이었다.
2	나는 그의 친구였다.
3	우리는 의사였다.
4	너는 똑똑했다.
5	너희들은 친절했다.
6	그는 키가 작았다.
7	그녀는 아팠다.
8	그것은 테이블 위에 있었다.
9	그들은 방 안에 있었다.
10	그것들은 의자 밑에 있었다.

1

2

3

4

5

6

7

8

9

10

CHAPTER 12

be동사 미래형

STEP 1

영어의 뼈대 배우기

지금까지 배운 be동사를 정리해 보자면, 현재의 상황을 말할 때는 am, is, are를 사용하고, 과거의 상황을 말할 때는 was, were를 사용한다고 했습니다. 그럼 이번엔 앞으로 일어날 일, 즉 미래를 말할 때는 어떻게 해야 하는지 배워 보겠습니다.

정말 쉽게 얘기하면, 미래를 말할 때는 will be라는 표현을 씁니다. 뒤에서 자세히 배울 거지만, will은 미래에 대한 내용을 말할 때 사용하는 단어입니다. 그래서 will be를 사용하면 '앞으로 어떤 정체가 될 것이다', '어떤 상태가 될 것이다' 혹은 '어디에 있을 것이다'라는 의미를 나타냅니다.

주어+will be+명사/형용사/장소.

be동사 미래형은 주어가 뭐든 상관없이 무조건 똑같이 will be를 씁니다. 그래서 문장을 만들기에는 훨씬 수월합니다.

예문을 한번 보겠습니다.

I will be happy. 나는 행복할 것이다.

She will be a nurse. 그녀는 간호사가 될 것이다.

They will be at the park. 그들은 공원에 있을 것이다.

지금부터 be동사 미래형을 활용한 다양한 문장들을 연습해 보겠습니다.

STEP 2

영어의 뼈대 익히기

다음 표를 보면서 be동사 미래형을 익혀 보세요.

	주어	+will be+명사/형용사/장소.
1	I 나는	will be a lawyer. 변호사가 될 것이다.
2	I 나는	will be a singer. 가수가 될 것이다.
3	We 우리는	will be actors. 배우가 될 것이다.
4	You 너는	will be tall. 키가 커질 것이다.
5	You 너희들은	will be pretty. 예뻐질 것이다.
6	He 그는	will be late. 늦을 것이다.

7	She 그녀는	will be famous. 유명해질 것이다.
8	The weather 날씨는	will be warm. 따뜻해질 것이다.
9	My life 내 삶은	will be busy. 바빠질 것이다.
10	Your room 네 방은	will be dirty. 더러워질 것이다.

오늘의 어휘

lawyer 변호사	**singer** 가수	**actor** 배우
late 늦은	**famous** 유명한	**weather** 날씨
warm 따뜻한	**life** 삶, 인생	**busy** 바쁜
room 방	**dirty** 더러운	

STEP 3

영어 어순 따라 말해 보기

영어 어순에 따른 우리말을 보고, 영어 문장을 쓰고 큰소리로 말해 보세요.

1	나는	변호사가 될 것이다.
2	나는	가수가 될 것이다.
3	우리는	배우가 될 것이다.
4	너는	키가 커질 것이다.
5	너희들은	예뻐질 것이다.
6	그는	늦을 것이다.
7	그녀는	유명해질 것이다.
8	날씨는	따뜻해질 것이다.
9	내 삶은	바빠질 것이다.
10	네 방은	더러워질 것이다.

1

2

3

4

5

6

7

8

9

10

STEP 4

영어로 즉시 말해 보기

우리말 어순의 문장을 보고, 영어 문장을 즉시 쓰고 말해 보세요.

1	나는 변호사가 될 것이다.
2	나는 가수가 될 것이다.
3	우리는 배우가 될 것이다.
4	너는 키가 커질 것이다.
5	너희들은 예뻐질 것이다.
6	그는 늦을 것이다.
7	그녀는 유명해질 것이다.
8	날씨는 따뜻해질 것이다.
9	내 삶은 바빠질 것이다.
10	네 방은 더러워질 것이다.

1

2

3

4

5

6

7

8

9

10

CHAPTER 13

be동사 부정문

STEP 1

영어의 뼈대 배우기

영어로 어떤 상태나 상황, 위치 등을 말할 때 be동사를 사용한다고 배웠습니다. 예를 들어서,

I am a student. 나는 학생이다.

She is tired. 그녀는 피곤하다.

They are at home. 그들은 집에 있다.

이런 식으로 지금의 상태나 위치를 말해 주는 게 be동사입니다. 그런데 이번엔 반대로, 그런 상태가 아니라고 말하고 싶을 땐 어떻게 할까요?

방법은 간단합니다. be동사 뒤에 부정의 의미를 나타내는 단어인 not을 붙여 주면 돼요.

I am → I am not

He is → He is not

They are → They are not

이때, 주어의 형태에 따라 be동사가 달라지는 것은 유지됩니다. 각각 am, is, are를 적절하게 사용해 줍니다. 예문을 한번 보겠습니다.

I am not hungry. 나는 배고프지 않아.

She is not my mom. 그녀는 우리 엄마가 아니야.

They are not here. 그들은 여기에 없어.

이제 be동사 부정문을 활용해서 다양한 문장을 연습해 보겠습니다.

STEP 2

영어의 뼈대 익히기

다음 표를 보면서 be동사 부정문을 익혀 보세요.

	주어+be동사+not	+명사/형용사/장소.
1	I am not 나는 아니다	a doctor. 의사가.
2	We are not 우리는 아니다	your friends. 너의 친구가.
3	You are not 너는 아니다	a singer. 가수가.
4	She is not 그녀는 아니다	tall. 키가 큰 상태가.
5	He is not 그는 아니다	ugly. 못생긴 상태가.
6	They are not 그들은 아니다	tired. 피곤한 상태가.

7	It is not 그것은 아니다	heavy. 무거운 상태가.
8	The cup is not 컵은 있지 않다	on the table. 테이블 위에.
9	Your bag is not 네 가방은 있지 않다	in the room. 방 안에.
10	The cat is not 고양이는 있지 않다	under the chair. 의자 밑에.

오늘의 어휘

ugly 못생긴	**tired** 피곤한	**it** 그것
heavy 무거운	**cup** 컵	**bag** 가장
cat 고양이		

STEP 3

영어 어순 따라 말해 보기

영어 어순에 따른 우리말을 보고, 영어 문장을 쓰고 큰소리로 말해 보세요.

1	나는 아니다	의사가.
2	우리는 아니다	너의 친구가.
3	너는 아니다	가수가.
4	그녀는 아니다	키가 큰 상태가.
5	그는 아니다	못생긴 상태가.
6	그들은 아니다	피곤한 상태가.
7	그것은 아니다	무거운 상태가.
8	컵은 있지 않다	테이블 위에.
9	네 가방은 있지 않다	방 안에.
10	고양이는 있지 않다	의자 밑에.

1

2

3

4

5

6

7

8

9

10

STEP 4

영어로 즉시 말해 보기

우리말 어순의 문장을 보고, 영어 문장을 즉시 쓰고 말해 보세요.

1	나는 의사가 아니다.
2	우리는 너의 친구가 아니다.
3	너는 가수가 아니다.
4	그녀는 키가 크지 않다.
5	그는 못생기지 않다.
6	그들은 피곤하지 않다.
7	그것은 무겁지 않다.
8	컵은 테이블 위에 없다.
9	네 가방은 방 안에 없다.
10	고양이는 의자 밑에 없다.

1

2

3

4

5

6

7

8

9

10

CHAPTER 14

be동사 의문문

STEP 1

영어의 뼈대 배우기

이번에는 be동사의 의문문에 대해서 배워 보겠습니다. be동사의 의문문은 상대방의 현재 상태나 위치를 물을 때 사용합니다. 예를 들면, "배고파?", "피곤해?", "집에 있어?"처럼 현재의 상황을 물어 보는 표현입니다. be동사의 의문문은 긍정문에서 be동사를 주어 앞으로 보내 주면 됩니다.

be동사+주어+명사/형용사/장소?

예를 들면 다음과 같이 말할 수 있습니다.

You are happy. → **Are you happy?** 행복하니?
You are tired. → **Are you tired?** 피곤하니?
You are at home. → **Are you at home?** 집에 있니?

간단해 보여도 처음 영어를 배우는 분들에게는 헷갈리고 복잡하게 느껴질 수 있어요. 순서를 바꿔야 하니까 머릿속에서 계산을 하게 되고, 말을 하려다가도 멈칫하게 되거든요. 그래서 우리는 아예 바뀐 문장을 외우는 방식으로 배우겠습니다. 아래 7개만 외워 두세요.

Are you ~? 너는 ~한 상태니? / 너는 ~에 있니?

Are we ~? 우리는 ~한 상태니? / 우리는 ~에 있니?

Are they ~? 그들은 ~한 상태니? / 그들은 ~에 있니?

Is he ~? 그는 ~한 상태니? / 그는 ~에 있니?

Is she ~? 그녀는 ~한 상태니? / 그녀는 ~에 있니?

Is it ~? 그것은 ~한 상태니? / 그것은 ~에 있니?

Am I ~? 나는 ~한 상태니? / 나는 ~에 있니?

이 뒤에 오는 단어들만 바꾸면 수십 가지 질문을 만들 수 있어요. 오늘은 연습이 수월할 수 있도록 "Are you ~?"와 "Is it ~?" 두 가지만 반복해서 훈련해 보겠습니다.

STEP 2

영어의 뼈대 익히기

다음 표를 보면서 be동사 의문문을 익혀 보세요.

	be동사+주어	+명사/형용사/장소?
1	Are you 너는 상태야?	a teacher? 선생님인
2	Are you 너는 상태야?	hungry? 배고픈
3	Are you 너는 상태야?	tired? 피곤한
4	Are you 너는 있어?	in the kitchen? 부엌 안에
5	Are you 너는 있어?	on the bus? 버스에
6	Is it 그것은 상태야?	your car? 네 자동차인

7	**Is it** 그것은 상태야?	**expensive?** 비싼
8	**Is it** 그것은 상태야?	**cold?** 차가운
9	**Is it** 그것은 있어?	**on the table?** 테이블 위에
10	**Is it** 그것은 있어?	**in your bag?** 네 가방 안에

오늘의 어휘

kitchen 부엌에	**bus** 버스	**expensive** 비싼
cold 차가운		

STEP 3

영어 어순 따라 말해 보기

영어 어순에 따른 우리말을 보고, 영어 문장을 쓰고 큰소리로 말해 보세요.

1	너는 상태야?	선생님인
2	너는 상태야?	배고픈
3	너는 상태야?	피곤한
4	너는 있어?	부엌 안에
5	너는 있어?	버스에
6	그것은 상태야?	네 자동차인
7	그것은 상태야?	비싼
8	그것은 상태야?	차가운
9	그것은 있어?	테이블 위에
10	그것은 있어?	네 가방 안에

1

2

3

4

5

6

7

8

9

10

STEP 4

영어로 즉시 말해 보기

우리말 어순의 문장을 보고, 영어 문장을 즉시 쓰고 말해 보세요.

1	너는 선생님이야?
2	너는 배고파?
3	너는 피곤해?
4	너는 부엌에 있어?
5	너는 버스에 있어?
6	그것은 네 자동차야?
7	그것은 비싸?
8	그것은 차가워?
9	그것은 테이블 위에 있어?
10	그것은 네 가방 안에 있어?

1

2

3

4

5

6

7

8

9

10

CHAPTER 15

be동사+명사

STEP 1

영어의 뼈대 배우기

앞에서 be동사는 명사, 형용사, 장소와 결합해서 문장을 만들 수 있다고 했습니다. 오늘은 be동사와 명사의 결합에 대해서 더 알아보겠습니다. 그러려면 명사를 좀 더 자세히 알아야 합니다.

1. 명사는 뭔가요?

명사는 사람, 동물, 사물, 장소, 개념 등을 나타내는 말입니다. 아래와 같이 어떤 것을 지칭할 수 있는 단어는 모두 '명사'입니다.

* **사람: teacher** 선생님, **student** 학생 ...
* **사물: book** 책, **chair** 의자 ...
* **장소: school** 학교, **park** 공원 ...
* **개념: idea** 생각, **peace** 평화 ...

2. 명사는 두 가지로 나뉘어요.

명사는 크게 두 가지로 나눌 수 있습니다. 셀 수 있는 명사와 셀 수 없는 명사입니다. 먼저, 셀 수 있는 명사는 하나, 둘, 셋… 이렇게 수를 셀 수 있는 명사입니다. 그리고 셀 수 있는 명사는 단수형과 복수형이 있습니다. 단수형은 '한 개'를 의미하며, 명사 앞에 a/an을 붙입니다. 복수형은 '두 개 이상'을 의미하며, 명사 뒤에 -s나 -es를 붙입니다.

단수형	복수형(2개 이상)
a cat 고양이 1마리	two cats 고양이 2마리
an egg 달걀 1개	three eggs 달걀 3개
a singer 가수 1명	four singers 가수 4명
a tomato 토마토 1개	five tomatoes 토마토 5개

셀 수 없는 명사는 액체나 기체, 분말, 추상적인 것들처럼 수를 셀 수 없는 명사입니다. 이런 셀 수 없는 명사들은 복수형이 없습니다. 그래서 a/an, s/es도 붙이지 않습니다. 셀 수 없는 명사의 예시로는 '물(water)', '우유(milk)', '공기(air)', '소금(salt)', '사랑(love)' 등이 있습니다.

be동사에 명사가 결합되면 사람이나 사물의 정체를 정의해 주는 문장이 됩니다.

STEP 2

영어의 뼈대 익히기

다음 표를 보면서 'be동사+명사' 문장을 익혀 보세요.

	주어	+be동사+명사.
1	I 나는	am a businessman. 사업가이다.
2	We 우리는	are singers. 가수이다.
3	He 그는	is my cousin. 내 사촌이다.
4	She 그녀는	is my coworker. 내 직장 동료이다.
5	This 이것은	is water. 물이다.
6	That 저것은	is your bag. 네 가방이다.

7	It 그것은	is salt. 소금이다.
8	These 이것들은	are apples. 사과이다.
9	Those 저것들은	are birds. 새다.
10	They 그것들은	are my books. 내 책이다.

오늘의 어휘

businessman 사업가	**cousin** 사촌	**coworker** 직장 동료
this 이것	**water** 물	**that** 저것
salt 소금	**these** 이것들	**apple** 사과
those 저것들	**bird** 새	**they** 그들, 그것들

STEP 3

영어 어순 따라 말해 보기

영어 어순에 따른 우리말을 보고, 영어 문장을 쓰고 큰소리로 말해 보세요.

1	나는	사업가이다.
2	우리는	가수이다.
3	그는	내 사촌이다.
4	그녀는	내 직장 동료이다.
5	이것은	물이다.
6	저것은	네 가방이다.
7	그것은	소금이다.
8	이것들은	사과이다.
9	저것들은	새다.
10	그것들은	내 책이다.

1

2

3

4

5

6

7

8

9

10

STEP 4

영어로 즉시 말해 보기

우리말 어순의 문장을 보고, 영어 문장을 즉시 쓰고 말해 보세요.

1	나는 사업가이다.
2	우리는 가수이다.
3	그는 내 사촌이다.
4	그녀는 내 직장 동료이다.
5	이것은 물이다.
6	저것은 네 가방이다.
7	그것은 소금이다.
8	이것들은 사과이다.
9	저것들은 새다.
10	그것들은 내 책이다.

1

2

3

4

5

6

7

8

9

10

CHAPTER 16

be동사+형용사

STEP 1

영어의 뼈대 배우기

be동사가 형용사와 만나면 '~한 상태이다'라는 문장을 만들 수 있습니다. 그럼 형용사란 무엇인지 알아 보겠습니다.

1. 형용사=상태나 성질을 나타내는 말

형용사는 사람이나 사물의 상태나 성질을 나타내는 말이에요. cold(추운), tired(피곤한), big(큰)과 같은 단어들이 모두 형용사입니다. 그리고 이 형용사는 be동사와 결합하면 서술어 형태로 바뀝니다. be cold(추운 상태이다→춥다), be tired(피곤한 상태이다→피곤하다), be big(큰 상태이다→크다)

2. 형용사는 두 가지가 있어요.

형용사에는 크게 두 종류가 있습니다. 원래 형용사와 동사에서 온 형용사(=분사)가 있습니다.

1) 원래 형용사

처음부터 형용사로 태어난 단어들이에요. happy(행복한), tall(키가 큰), hungry(배고픈), clean(깨끗한)과 같은 것들입니다.

2) 동사에서 온 형용사(=분사)

영어는 동사를 형용사로 만들어서 쓰기도 합니다. 그리고 동사 출신 형용사를 '분사'라고 부릅니다. 분사를 만드는 방법은 두 가지가 있습니다.

첫 번째는 동사원형 뒤에 ing를 붙이는 방법인데, 이런 형용사를 현재분사라고 부릅니다. 그리고 현재분사는 진행 중인 상태나 느낌을 말합니다.

eat → eating 먹고 있는 / **study → studying** 공부하고 있는

두 번째는 동사원형 뒤에 ed를 붙이는 방법이고, 이런 형용사를 과거분사라고 부릅니다. 과거분사는 어떤 행동을 당한 상태를 말합니다. 이 과거분사도 불규칙한 형태들이 존재하는데, 이건 차차 외워 두는 게 좋습니다.

lock(현재형) - locked(과거형) - locked(과거분사)
잠기다 - 잠겼다 - 잠겨 있는

steal(현재형) - stole(과거형) - stolen(과거분사)
훔치다 - 훔쳤다 - 도난 당한

STEP 2

영어의 뼈대 익히기

다음 표를 보면서 'be동사+형용사' 문장을 익혀 보세요.

	주어	+be동사+형용사.
1	I 나는	am hungry. 배가 고프다.
2	We 우리는	are tall. 키가 크다.
3	You 너는	are kind. 친절하다.
4	You 너희들은	are noisy. 시끄럽다.
5	She 그녀는	is dancing. 춤을 추고 있다.
6	He 그는	is singing. 노래하고 있다.

7	It 그것은	is falling. 떨어지고 있다.
8	The door 문이	is locked. 잠겨 있다.
9	My phone 내 전화기는	was stolen. 도난 당했다.
10	Your bag 네 가방은	was found. 발견되었다.

오늘의 어휘

noisy 시끄러운	**dancing** 춤을 추고 있는	**singing** 노래하고 있는
falling 떨어지고 있는	**locked** 잠겨 있는	**phone** 전화기
stolen 도난 당한	**found** 발견된	

STEP 3

영어 어순 따라 말해 보기

영어 어순에 따른 우리말을 보고, 영어 문장을 쓰고 큰소리로 말해 보세요.

1	나는	배가 고프다.
2	우리는	키가 크다.
3	너는	친절하다.
4	너희들은	시끄럽다.
5	그녀는	춤을 추고 있다.
6	그는	노래하고 있다.
7	그것은	떨어지고 있다.
8	문이	잠겨 있다.
9	내 전화기는	도난 당했다.
10	네 가방은	발견되었다.

1

2

3

4

5

6

7

8

9

10

STEP 4

영어로 즉시 말해 보기

우리말 어순의 문장을 보고, 영어 문장을 즉시 쓰고 말해 보세요.

1	나는 배고프다.
2	우리는 키가 크다.
3	너는 친절하다.
4	너희들은 시끄럽다.
5	그녀는 춤을 추고 있다.
6	그는 노래하고 있다.
7	그것은 떨어지고 있다.
8	문이 잠겨 있다.
9	내 전화기는 도난 당했다.
10	네 가방은 발견되었다.

1

2

3

4

5

6

7

8

9

10

CHAPTER 17

be동사로 날씨 말하기

STEP 1

영어의 뼈대 배우기

이번에는 날씨를 말하는 방법을 배워 보겠습니다. 날씨는 잘 생각해 보면 어떠한 상태를 말하는 것입니다. 비가 오는 상태, 눈이 오는 상태, 바람이 부는 상태처럼요. 그래서 날씨를 말할 때는 'be동사 + 형용사'의 형태로 말을 합니다. 예문을 한번 보겠습니다.

> **The weather is sunny.** 날씨가 맑다.

우리말로 "날씨가 춥다."라는 말은 보통 "춥다."라고 줄여서 말할 수도 있죠. 우리말에는 주어가 없어도 되지만, 영어 문장에는 반드시 주어가 필요합니다. 이럴 때는 The weather 대신 It을 사용할 수 있습니다.

> **The weather is cold. → It is cold.**

여기서 'It'은 특별하게 해석이 되는 것이 아니라, 구조적으로 주어가 있어야 하기 때문에 넣어 주는 형식적인 단어입니다. 그리고 이 It을 '비인칭 주어'라고 부릅니다. 영어에서는 필수예요. 이제는 '춥다, 비가 온다, 바람이 분다' 같은 말들을 영어로 할 때 필요한 형용사들을 알아 보겠습니다.

sunny 맑은, 화창한 / **cloudy** 흐린 / **rainy** 비가 오는 / **snowy** 눈이 오는 / **windy** 바람이 부는 / **foggy** 안개가 낀 / **cold** 추운 / **warm** 따뜻한 / **hot** 더운 / **freezing** 매우 추운

여기에 날씨가 드러나는 장소와 시간을 더해 주는 부사를 붙이면 구체적이고 다양한 날씨 표현을 할 수 있습니다.

today 오늘 / **last Sunday** 지난 일요일에 / **yesterday** 어제 / **in winter** 겨울에 / **last night** 어젯밤에 / **tomorrow morning** 내일 아침에 / **in January** 1월에 / **in spring** 봄에 / **in summer** 여름에 / **here** 여기는

이런 표현들을 활용하여 다양한 문장을 연습해 보겠습니다.

STEP 2

영어의 뼈대 익히기

다음 표를 보면서 날씨를 말하는 문장을 익혀 보세요.

	주어+be동사+형용사	+부사.
1	It is sunny 화창하다	today. 오늘은.
2	It was cloudy 흐렸다	last Sunday. 지난 일요일에는.
3	It was rainy 비가 내렸다	yesterday. 어제는.
4	It is snowy 눈이 내린다	in winter. 겨울에는.
5	It was windy 바람이 불었다	last night. 어젯밤에는.
6	It will be foggy 안개가 낄 것이다	tomorrow morning. 내일 아침에는.

7	**It is cold** 춥다	**in January.** 1월에는.
8	**It is warm** 따뜻하다	**in spring.** 봄에는.
9	**It is hot** 덥다	**in summer.** 여름에는.
10	**It is freezing** 매우 춥다	**here.** 여기는.

오늘의 어휘

today 오늘	**cloudy** 흐린	**last** 지난
Sunday 일요일	**rainy** 비가 오는	**yesterday** 어제
snowy 눈이 내리는	**winter** 겨울	**windy** 바람이 부는
night 밤	**foggy** 안개가 낀	**tomorrow** 내일
cold 추운	**January** 1월	**warm** 따뜻한
spring 봄	**hot** 더운	**summer** 여름
freezing 매우 추운		

STEP 3

영어 어순 따라 말해 보기

영어 어순에 따른 우리말을 보고, 영어 문장을 쓰고 큰소리로 말해 보세요.

1	화창하다	오늘은.
2	흐렸다	지난 일요일에는.
3	비가 내렸다	어제는.
4	눈이 내린다	겨울에는.
5	바람이 불었다	어젯밤에는.
6	안개가 낄 것이다	내일 아침에는.
7	춥다	1월에는.
8	따뜻하다	봄에는.
9	덥다	여름에는.
10	매우 춥다	여기는.

1

2

3

4

5

6

7

8

9

10

STEP 4

영어로 즉시 말해 보기

우리말 어순의 문장을 보고, 영어 문장을 즉시 쓰고 말해 보세요.

1	오늘은 화창하다.
2	지난 일요일에는 흐렸다.
3	어제는 비가 내렸다.
4	겨울에는 눈이 내린다.
5	어젯밤에는 바람이 불었다.
6	내일 아침에는 안개가 낄 것이다.
7	1월에는 춥다.
8	봄에는 따뜻하다.
9	여름에는 덥다.
10	여기는 매우 춥다.

1

2

3

4

5

6

7

8

9

10

CHAPTER 18

be동사로 음식의 맛 표현하기

STEP 1

영어의 뼈대 배우기

'be동사+형용사'의 형태는 무언가의 상태를 말할 때 쓴다고 했습니다. 그럼 이런 생각도 가능하겠죠? '음식의 맛도 상태로 볼 수 있겠구나.'

예를 들면, "국이 짠 상태야." 혹은 "싱거운 상태야." 이렇게 말할 수 있는 거예요. 조금 더 구체적으로 말해 보면, 초콜릿을 한 입 먹었는데 '달콤하다'라는 생각이 들었다면 그건 초콜릿이 달콤한 상태라는 의미입니다.

결국, 음식의 맛이 어떻다고 표현하는 것은 음식이 어떤 상태라고 말하는 것입니다. 그래서 음식의 맛을 표현하는 형용사를 알아 두면, 다양한 맛 표현을 할 수 있습니다.

지금부터 음식의 맛을 표현하는 형용사들을 알아보겠습니다.

표현	뜻
tasty	맛있는
sweet	달콤한
sour	신
bitter	쓴
salty	짠
spicy	매운
bland	싱거운
greasy	느끼한 / 기름진
undercooked	덜 익은
overcooked	너무 많이 익은

STEP 2

영어의 뼈대 익히기

다음 표를 보면서 음식의 맛을 말하는 문장을 익혀 보세요.

	주어	+be동사+형용사.
1	The food 그 음식은	is tasty. 맛있다.
2	Ice cream 아이스크림은	is sweet. 달콤하다.
3	A lemon 레몬은	is sour. 시다.
4	Medicine 약은	is bitter. 쓰다.
5	This soup 이 국은	is salty. 짜다.
6	Korean food 한국 음식은	is spicy. 맵다.

7	My soup 내 국은	is bland. 싱겁다.
8	Western food 서양 음식은	is greasy. 느끼하다.
9	My steak 내 스테이크는	is undercooked. 덜 익었다.
10	The chicken 그 치킨은	is overcooked. 너무 익었다.

오늘의 어휘

food 음식	**tasty** 맛있는	**ice cream** 아이스크림
sweet 달콤한	**lemon** 레몬	**sour** 신
medicine 약	**bitter** 쓴	**soup** 국
salty 짠	**Korean** 한국의	**spicy** 매운
bland 싱거운	**Western** 서양의	**greasy** 느끼한
steak 스테이크	**undercooked** 덜 익은	**chicken** 치킨
overcooked 너무 많이 익은		

STEP 3

영어 어순 따라 말해 보기

영어 어순에 따른 우리말을 보고, 영어 문장을 쓰고 큰소리로 말해 보세요.

1	그 음식은	맛있다.
2	아이스크림은	달콤하다.
3	레몬은	시다.
4	약은	쓰다.
5	이 국은	짜다.
6	한국 음식은	맵다.
7	내 국은	싱겁다.
8	서양 음식은	느끼하다.
9	내 스테이크는	덜 익었다.
10	그 치킨은	너무 익었다.

1

2

3

4

5

6

7

8

9

10

STEP 4

영어로 즉시 말해 보기

우리말 어순의 문장을 보고, 영어 문장을 즉시 쓰고 말해 보세요.

1	그 음식은 맛있다.
2	아이스크림은 달콤하다.
3	레몬은 시다.
4	약은 쓰다.
5	이 국은 짜다.
6	한국 음식은 맵다.
7	내 국은 싱겁다.
8	서양 음식은 느끼하다.
9	내 스테이크는 덜 익었다.
10	그 치킨은 너무 익었다.

1

2

3

4

5

6

7

8

9

10

CHAPTER 19

be동사로 감정과 기분을 말하기

STEP 1

영어의 뼈대 배우기

이번에는 'be동사+형용사' 구조로 감정과 기분을 말하는 방법을 배워 보겠습니다. 반복해서 나오지만, 'be동사+형용사'는 사람이나 사물의 상태를 말합니다. 사람의 감정이나 기분은 심리 상태라고 생각할 수 있습니다. 예를 들면,

내가 오늘 기분이 좋아. → **행복한 상태**

나는 오늘 우울해. → **우울한 상태**

시험 전에 너무 떨려. → **긴장된 상태**

이렇게 감정과 기분을 잘 얘기하려면 감정을 나타내는 적절한 형용사를 많이 알아 두면 좋습니다.

그럼 감정을 나타내는 형용사들을 배워 보겠습니다.

형용사	뜻
happy	행복한
angry	화가 난
bored	지루한
scared	겁먹은
lonely	외로운
sad	슬픈
excited	신이 난
nervous	불안한 / 긴장한
jealous	질투하는 / 부러워하는
worried	걱정하는

STEP 2

영어의 뼈대 익히기

다음 표를 보면서 감정을 말하는 문장을 익혀 보세요.

	주어	+be동사+형용사.
1	I 나는	am happy. 행복하다.
2	I 나는	was angry. 화가 났다.
3	We 우리는	are bored. 지루하다(심심하다).
4	We 우리는	are scared. 겁을 먹었다.
5	They 그들은	were lonely. 외로웠다.
6	They 그들은	are sad. 슬프다.

7	He 그는	is excited. 신이 났다.
8	She 그녀는	was nervous. 불안했다.
9	He 그는	is jealous. 질투한다.
10	She 그녀는	is worried. 걱정한다.

오늘의 어휘

happy 행복한	**angry** 화가 난	**bored** 지루한
scared 겁먹은	**lonely** 외로운	**sad** 슬픈
excited 신이 난	**nervous** 긴장한	**jealous** 질투 나는
worried 걱정하는		

STEP 3

영어 어순 따라 말해 보기

영어 어순에 따른 우리말을 보고, 영어 문장을 쓰고 큰소리로 말해 보세요.

1	나는	행복하다.
2	나는	화가 났다.
3	우리는	지루하다(심심하다).
4	우리는	겁을 먹었다.
5	그들은	외로웠다.
6	그들은	슬프다.
7	그는	신이 났다.
8	그녀는	불안했다.
9	그는	질투한다.
10	그녀는	걱정한다.

1

2

3

4

5

6

7

8

9

10

STEP 4

영어로 즉시 말해 보기

우리말 어순의 문장을 보고, 영어 문장을 즉시 쓰고 말해 보세요.

1	나는 행복하다.
2	나는 화가 났다.
3	우리는 심심하다.
4	우리는 겁을 먹었다.
5	그들은 외로웠다.
6	그들은 슬프다.
7	그는 신이 났다.
8	그녀는 불안했다.
9	그는 질투한다.
10	그녀는 걱정한다.

1

2

3

4

5

6

7

8

9

10

CHAPTER 20

be동사로 성격과 태도를 말하기

STEP 1

영어의 뼈대 배우기

누군가 "그 사람은 어떤 사람이야?"라고 사람에 대해 물었다고 생각해 보겠습니다. 그러면 우리는 대부분 그 사람의 성격 및 태도를 생각합니다. 왜냐하면 성격과 태도는 평소에 반복되는 그 사람의 상태이기 때문입니다. 예를 들어, "그 사람은 조용한 성격이에요."라는 말은 주로 조용한 상태를 유지한다는 것을 말합니다.

그래서 누군가의 성격과 태도를 말하고 싶다면 지금까지 배워왔던 'be동사+형용사'의 형태로 말하면 됩니다.

그럼 성격을 나타내는 형용사들을 배워 보겠습니다.

형용사	뜻
kind	친절한
friendly	다정한
honest	정직한
brave	용감한
smart	똑똑한
mean	못된
lazy	게으른
diligent	부지런한
selfish	이기적인
strict	엄격한

STEP 2

영어의 뼈대 익히기

다음 표를 보면서 성격을 말하는 문장을 익혀 보세요.

	주어	+be동사+형용사.
1	You 너는	are kind. 친절하다.
2	I 나는	am friendly. 다정하다.
3	We 우리는	are honest. 정직하다.
4	We 우리는	were brave. 용감했다.
5	They 그들은	were smart. 똑똑했다.
6	They 그들은	are mean. 못됐다.

7	He 그는	is lazy. 게으르다.
8	She 그녀는	was diligent. 부지런했다.
9	He 그는	is selfish. 이기적이다.
10	My father 우리 아버지는	was strict. 엄하셨다.

오늘의 어휘

kind 친절한	**friendly** 다정한	**honest** 정직한
brave 용감한	**smart** 똑똑한	**mean** 못된
lazy 게으른	**diligent** 부지런한	**selfish** 이기적인
father 아버지	**strict** 엄한	

STEP 3

영어 어순 따라 말해 보기

영어 어순에 따른 우리말을 보고, 영어 문장을 쓰고 큰소리로 말해 보세요.

1	너는	친절하다.
2	나는	다정하다.
3	우리는	정직하다.
4	우리는	용감했다.
5	그들은	똑똑했다.
6	그들은	못됐다.
7	그는	게으르다.
8	그녀는	부지런했다.
9	그는	이기적이다.
10	우리 아버지는	엄하셨다.

1

2

3

4

5

6

7

8

9

10

STEP 4

영어로 즉시 말해 보기

우리말 어순의 문장을 보고, 영어 문장을 즉시 쓰고 말해 보세요.

1	너는 친절하다.
2	나는 다정하다.
3	우리는 정직하다.
4	우리는 용감했다.
5	그들은 똑똑했다.
6	그들은 못됐다.
7	그는 게으르다.
8	그녀는 부지런했다.
9	그는 이기적이다.
10	우리 아버지는 엄하셨다.

1

2

3

4

5

6

7

8

9

10

CHAPTER 21

be동사로 외모와 상태를 말하기

STEP 1

영어의 뼈대 배우기

계속해서 'be동사+형용사'의 활용을 배워 보겠습니다. 'be동사+형용사'는 사람이나 사물의 상태를 말하는 표현이라고 했습니다. 앞에서 날씨, 음식의 맛, 감정, 성격 등이 모두 '상태'로 표현할 수 있다고 했죠. 이번에는 새로운 질문을 하나 해 보겠습니다.

"사람의 외모도 상태일까?"

정답부터 얘기하면 상태가 맞습니다. 예를 들어 보겠습니다.

그는 키가 크다. → 그는 키가 큰 상태이다.

그녀는 예쁘다. → 그녀는 예쁜 상태이다.

이렇게 생각할 수 있는 것이죠. 여기서 나아가 어떤 것이 뜨겁고 차가운 것,

깨끗하거나 딱딱하거나 밝거나 조용한 모든 상태를 나타낼 때 'be동사+형용사'를 사용할 수 있습니다.

그럼 이제 외모와 상태를 나타내는 형용사들을 알아보겠습니다.

형용사	뜻
handsome	잘생긴
pretty	예쁜
ugly	못생긴
tall	키가 큰
short	키가 작은
hot	뜨거운
cold	차가운
clean	깨끗한
dirty	더러운
hard	단단한

STEP 2

영어의 뼈대 익히기

다음 표를 보면서 외모나 상태를 말하는 문장을 익혀 보세요.

	주어	+be동사+형용사.
1	I 나는	am handsome. 잘생겼다.
2	My daughter 내 딸은	is pretty. 예쁘다.
3	My dog 내 강아지는	is ugly. 못생겼다.
4	My father 우리 아버지는	is tall. 키가 크다.
5	My uncle 우리 삼촌은	is short. 키가 작다.
6	Fire 불은	is hot. 뜨겁다.

7	Ice 얼음은	is cold. 차갑다.
8	Your room 네 방은	is clean. 깨끗하다.
9	My hands 내 손은	were dirty. 더러웠다.
10	Diamond 다이아몬드는	is hard. 단단하다.

오늘의 어휘

handsome 잘생긴	**daughter** 딸	**pretty** 예쁜
dog 강아지	**ugly** 못생긴	**uncle** 삼촌
fire 불	**hot** 뜨거운	**ice** 얼음
cold 차가운	**clean** 깨끗한	**dirty** 더러운
diamond 다이아몬드	**hard** 단단한	

STEP 3

영어 어순 따라 말해 보기

영어 어순에 따른 우리말을 보고, 영어 문장을 쓰고 큰소리로 말해 보세요.

1	나는	잘생겼다.
2	내 딸은	예쁘다.
3	내 강아지는	못생겼다.
4	우리 아버지는	키가 크다.
5	우리 삼촌은	키가 작다.
6	불은	뜨겁다.
7	얼음은	차갑다.
8	네 방은	깨끗하다.
9	내 손은	더러웠다.
10	다이아몬드는	단단하다.

1

2

3

4

5

6

7

8

9

10

STEP 4

영어로 즉시 말해 보기

우리말 어순의 문장을 보고, 영어 문장을 즉시 쓰고 말해 보세요.

1	나는 잘생겼다.
2	내 딸은 예쁘다.
3	내 강아지는 못생겼다.
4	우리 아버지는 키가 크다.
5	우리 삼촌은 키가 작다.
6	불은 뜨겁다.
7	얼음은 차갑다.
8	네 방은 깨끗하다.
9	내 손은 더러웠다.
10	다이아몬드는 단단하다.

1

2

3

4

5

6

7

8

9

10

CHAPTER 22

현재진행형

STEP 1

영어의 뼈대 배우기

두 가지의 형용사 종류 중에 원래 동사였던 단어가 형용사처럼 쓰이게 되는 것을 '분사'라고 했습니다. 동사를 분사 형태로 만드는 방법에는 두 가지가 있습니다. ① -ing를 붙여서 '~하고 있는'이라는 뜻을 나타내는 현재분사, ② -ed를 붙여서 '~된'이라는 뜻을 나타내는 과거분사였죠.

여기서 오늘 배울 내용은 현재분사를 사용한 현재진행형입니다. 현재진행형이란, 말 그대로 지금 하고 있는 일을 말할 때 쓰는 표현입니다. 학교에서는 현재진행형을 보통 이렇게 배웠습니다:

현재진행형 = be동사 + -ing

이렇게 공식만 외웠지, -ing가 오는 원리는 생각해 보지 않았을 겁니다.

be동사 뒤에는 형용사가 올 수 있고, 그 형용사 자리에 '~하고 있는'이라는 의미의 '현재분사(동사+ing)'가 온 것이 '현재진행'을 나타내는 문장이라고 생각하면 됩니다.

동사에서 현재분사로 변화하는 과정과 현재진행형 형태까지 몇 가지 예시를 알려 드리겠습니다.

동사 (~하다)	현재분사(~하고 있는)	현재진행형(~하고 있다)
sleep 자다	**sleeping** 자고 있는	**be sleeping** 자고 있다
run 달리다	**running** 달리고 있는	**be running** 달리고 있다
swim 수영하다	**swimming** 수영하고 있는	**be swimming** 수영하고 있다
cry 울다	**crying** 울고 있는	**be crying** 울고 있다
laugh 웃다	**laughing** 웃고 있는	**be laughing** 웃고 있다
drink 마시다	**drinking** 마시고 있는	**be drinking** 마시고 있다
use 사용하다	**using** 사용하고 있는	**be using** 사용하고 있다
play 놀다	**playing** 놀고 있는	**be playing** 놀고 있다
sit 앉다	**sitting** 앉아 있는	**be sitting** 앉아 있다
draw 그리다	**drawing** 그리고 있는	**be drawing** 그리고 있다

STEP 2

영어의 뼈대 익히기

다음 표를 보면서 현재진행형 문장을 익혀 보세요.

	주어	+be동사 +현재분사	+명사/부사.
1	I 나는	am studying 공부하고 있다	in my room. 내 방에서.
2	I 나는	am running 달리고 있다	in the park. 공원에서.
3	We 우리는	are swimming 수영하고 있다	in the pool. 수영장에서.
4	She 그녀는	is crying 울고 있다	alone. 혼자서.
5	The kid 그 아이는	is laughing 웃고 있다	loudly. 큰 소리로.
6	Tom 톰은	is drinking 마시고 있다	coffee. 커피를.

7	My brother 내 남동생은	is using 사용하고 있다	my computer. 내 컴퓨터를.
8	My sister 내 여동생은	is playing 연주하고 있다	the piano. 피아노를.
9	My parents 우리 부모님은	are sitting 앉아 있다	on a bench. 벤치에.
10	My wife 내 아내는	is drawing 그리고 있다	my face. 내 얼굴을.

오늘의 어휘

study 공부하다	**run** 달리다	**swim** 수영하다
pool 수영장	**cry** 울다	**alone** 혼자서
kid 어린 아이	**laugh** 웃다	**loudly** 큰 소리로
drink 마시다	**brother** 남자 형제	**use** 사용하다
computer 컴퓨터	**sister** 여자 형제	**play** 연주하다
piano 피아노	**parents** 부모님	**sit** 앉다
bench 벤치	**draw** 그리다	

STEP 3

영어 어순 따라 말해 보기

영어 어순에 따른 우리말을 보고, 영어 문장을 쓰고 큰소리로 말해 보세요.

1	나는	공부하고 있다	내 방에서.
2	나는	달리고 있다	공원에서.
3	우리는	수영하고 있다	수영장에서.
4	그녀는	울고 있다	혼자서.
5	그 아이는	웃고 있다	큰 소리로.
6	톰은	마시고 있다	커피를.
7	내 남동생은	사용하고 있다	내 컴퓨터를.
8	내 여동생은	연주하고 있다	피아노를.
9	우리 부모님은	앉아 있다	벤치에.
10	내 아내는	그리고 있다	내 얼굴을.

1

2

3

4

5

6

7

8

9

10

STEP 4

영어로 즉시 말해 보기

우리말 어순의 문장을 보고, 영어 문장을 즉시 쓰고 말해 보세요.

1	나는 내 방에서 공부하고 있다.
2	나는 공원에서 달리고 있다.
3	우리는 수영장에서 수영하고 있다.
4	그녀는 혼자서 울고 있다.
5	그 아이는 큰 소리로 웃고 있다.
6	톰은 커피를 마시고 있다.
7	내 남동생은 내 컴퓨터를 사용하고 있다.
8	내 여동생은 피아노를 연주하고 있다.
9	우리 부모님은 벤치에 앉아 있다.
10	내 아내는 내 얼굴을 그리고 있다.

1

2

3

4

5

6

7

8

9

10

CHAPTER 23

수동태

STEP 1

영어의 뼈대 배우기

'be동사+형용사' 구조의 마지막, 수동태를 배워 보겠습니다. 원리는 현재 진행형과 같습니다. be동사 뒤에는 형용사가 올 수 있습니다. 그런데 그 형용사 자리에 동사에 -ed를 붙인 형용사인 '과거분사'를 넣어 주면 됩니다.

과거분사는 '~된', '~ 당한'이라는 의미를 가지고 있다고 했습니다. 그래서 'be동사+과거분사'로 말을 하면 '~되다(~된 상태이다)', '~당하다(~당한 상태이다)'라는 문장을 만들 수 있습니다. 그래서 이름이 '수동태'인 것입니다. 다만, 과거분사는 특이하게 동사에 -ed만 붙인다고 해서 무조건 과거분사가 되는 것이 아닙니다. 어떤 동사는 규칙적이지 않고 불규칙하게 변화하는 것들도 있습니다. 그래서 그런 불규칙 동사들은 보일 때마다 외워 둬야 합니다.

수동태 문장을 만드는 데 가장 중요한 역할을 하는 과거분사를 몇 가지 배워 보겠습니다. 여기에는 불규칙 동사들도 있으므로 모두 외우는 것이 좋습니다.

동사	의미	과거분사	의미
break	깨뜨리다	**broken**	깨진
cancel	취소하다	**canceled**	취소된
deliver	배달하다	**delivered**	배달된
invite	초대하다	**invited**	초대된
invent	발명하다	**invented**	발명된
bear	낳다	**born**	태어난
write	쓰다	**written**	쓰여진
repair	수리하다	**repaired**	수리된
steal	훔치다	**stolen**	도난 당한
lock	잠그다	**locked**	잠겨진

STEP 2

영어의 뼈대 익히기

다음 표를 보면서 수동태 문장을 익혀 보세요.

	주어	+be동사 +현재분사	+부사.
1	The window 창문이	was broken 깨졌다	last night. 어젯밤에.
2	The meeting 그 회의는	was canceled 취소됐다	at the last minute. 마지막 순간에.
3	The pizza 피자는	was delivered 배달됐다	on time. 정시에.
4	He 그는	was invited 초대 받았다	to the party. 파티에.
5	The phone 전화기는	was invented 발명되었다	in the 19th century. 19세기에.
6	The baby 그 아기는	was born 태어났다	yesterday. 어제.

7	The book 그 책은	was written 쓰여졌다	for children. 아이들을 위해.
8	Your car 네 차는	was repaired 수리되었다	two days ago. 이틀 전에.
9	My phone 내 전화기는	was stolen 도난 당했다	at the airport. 공항에서.
10	The door 그 문은	is locked 잠겨 있다	all the time. 항상.

오늘의 어휘

broken 깨진	**last night** 어젯밤	**meeting** 회의
canceled 취소된	**the last minute** 마지막 순간	**delivered** 배달된
on time 정시에	**invited** 초대된	**invented** 발명된
century 세기	**born** 태어난	**yesterday** 어제
written 쓰여진	**children** 아이들	**repaired** 수리된
ago ~전에	**stolen** 도난 당한	**airport** 공항
all the time 항상		

STEP 3

영어 어순 따라 말해 보기

영어 어순에 따른 우리말을 보고, 영어 문장을 쓰고 큰소리로 말해 보세요.

1	창문이	깨졌다	어젯밤에.
2	회의가	취소됐다	마지막 순간에.
3	피자가	배달됐다	정시에.
4	그는	초대 받았다	파티에.
5	전화기는	발명되었다	19세기에.
6	그 아기는	태어났다	어제.
7	그 책은	쓰여졌다	아이들을 위해.
8	네 차는	수리되었다	이틀 전에.
9	내 전화기는	도난 당했다	공항에서.
10	그 문은	잠겨 있다	항상.

1

2

3

4

5

6

7

8

9

10

STEP 4

영어로 즉시 말해 보기

우리말 어순의 문장을 보고, 영어 문장을 즉시 쓰고 말해 보세요.

1	어젯밤에 창문이 깨졌다.
2	마지막 순간에 회의가 취소됐다.
3	피자가 정시에 배달됐다.
4	그는 파티에 초대 받았다.
5	전화기는 19세기에 발명되었다.
6	그 아기는 어제 태어났다.
7	그 책은 아이들을 위해 쓰여졌다.
8	네 차는 이틀 전에 수리되었다.
9	내 전화기는 공항에서 도난 당했다.
10	그 문은 항상 잠겨 있다.

1

2

3

4

5

6

7

8

9

10

CHAPTER 24

Be동사 + 부사구(시간&장소)

STEP 1

영어의 뼈대 배우기

누군가 "지금 어디 있나요?"라고 물어보면 "집에 있어요.", "지금 병원이에요." 이런 말들, 영어로도 할 수 있어야겠죠? 그럴 때 꼭 필요한 게 바로 'be동사+부사구'입니다. 부사구란, 한 마디로 '언제', '어디서'를 알려 주는 말 덩어리입니다. 장소를 알려주는 건 '장소 부사구', 시간을 알려주는 건 '시간 부사구'라고 부릅니다. 부사구로 말을 하는 방법은 다음과 같아요.

주어+be동사+부사구[장소/시간]

1. 장소를 말하는 방법

장소를 말한다는 건, "누가 어디에 있어요."를 말하는 것입니다. at(어떤 포인트에), in(어떤 공간 안에), on(~에 접촉해서), under(밑에), above(무언가의 위에) 등의 전치사를 사용해서 장소 부사구를 만들 수 있습니다. 예를 들어, '집에'는 'at home'이라고 하고, '부엌에'는 'in the kitchen'이라고 해요.

2. 시간을 말하는 방법

이번에는 "어떤 일이 언제 있어요."를 말해 보겠습니다. at(몇 시에), in(어떤 시기, 계절에), on(어떤 날에) 등의 전치사를 사용해서 시간 부사구를 만들 수 있습니다. 예를 들어, '오전에'는 'in the morning', '3시에'는 'at 3'라고 표현할 수 있습니다.

부사구	의미
in 1988	1988년에(는)
in winter	겨울에(는)
in December	12월에(는)
on Monday	월요일에(는)
at 3	3시에(는)
in the park	공원에(는)
in my room	내 방에(는)
on the table	테이블 위에(는)
under the table	책상 밑에(는)
above your head	네 머리 위에(는)

STEP 2

영어의 뼈대 익히기

다음 표를 보면서 부사구 활용 문장을 익혀 보세요.

	주어+be동사	+부사구.
1	The Olympics were 올림픽이 있었다	in 1988. 1988년에.
2	My birthday is 내 생일이 있다	in winter. 겨울에는.
3	Christmas is 크리스마스가 있다	in December. 12월에는.
4	The meeting is 회의가 있다	on Mondays. 월요일마다.
5	The party is 그 파티가 있다	at 3. 3시에.
6	We are 우리는 있다	in the park. 공원에.

7	I am 나는 있다	in my room. 내 방에.
8	Your bag is 네 가방은 있다	on the table. 테이블 위에.
9	A cat is 고양이는 있다	under the desk. 책상 밑에.
10	The bird is 그 새가 있다	above your head. 네 머리 위에.

오늘의 어휘

Olympics 올림픽	**birthday** 생일	**winter** 겨울
Christmas 크리스마스	**December** 12월	**Monday** 월요일
head 머리		

STEP 3

영어 어순 따라 말해 보기

영어 어순에 따른 우리말을 보고, 영어 문장을 쓰고 큰소리로 말해 보세요.

1	올림픽이 있었다	1988년에.
2	내 생일이 있다	겨울에는.
3	크리스마스가 있다	12월에는.
4	회의가 있다	월요일마다.
5	그 파티가 있다	3시에.
6	우리는 있다	공원에.
7	나는 있다	내 방에.
8	네 가방은 있다	테이블 위에.
9	고양이는 있다	책상 밑에.
10	그 새가 있다	네 머리 위에.

1

2

3

4

5

6

7

8

9

10

STEP 4

영어로 즉시 말해 보기

우리말 어순의 문장을 보고, 영어 문장을 즉시 쓰고 말해 보세요.

1	1988년에 올림픽이 있었다.
2	겨울에는 내 생일이 있다.
3	12월에는 크리스마스가 있다.
4	월요일마다 회의가 있다.
5	3시에 그 파티가 있다.
6	우리는 공원에 있다.
7	나는 내 방에 있다.
8	네 가방은 테이블 위에 있다.
9	고양이는 책상 밑에 있다.
10	그 새는 네 머리 위에 있다.

1

2

3

4

5

6

7

8

9

10

CHAPTER 25

부사구로 어디에 있는지 말하기

STEP 1

영어의 뼈대 배우기

'be동사+부사구'는 '누가/무엇이 어디에 있다.' 또는 '어떤 일이 언제 있다.' 같은 문장을 만들 때 꼭 필요한 구조라고 했습니다. 이 문장 구조에서 핵심은 장소나 시간을 말해 주는 말의 덩어리, 즉 부사구입니다. 오늘은 그 중에서 '장소 부사구'에 집중해 보겠습니다.

장소 부사구는 '전치사+장소' 형태로 되어 있습니다. 이때 전치사가 위치를 알려 주는 역할을 합니다. 다양한 전치사를 자세히 배워 볼게요.

1. in(~의 안에)

어떤 공간이나 장소, 혹은 물건의 안쪽에 있을 때 씁니다.

in the classroom 교실 안에 / **in the bag** 가방 안에

2. at ~에(정확한 지점)

특정 장소나 지점을 말할 때 쓰는 전치사입니다.

at home 집에 / **at school** 학교에 / **at work** 직장에 /
at the airport 공항에

3. on ~에 접촉해서

보통 '~ 위에'라고 해석하지만, 진짜 개념은 어떤 표면 위에 딱 붙어 있는 경우에 쓰는 전치사입니다.

on the table 테이블 위에 / **on the bed** 침대 위에

4. under ~아래에

under는 어떤 사물이나 사람이 다른 것의 아래쪽에 있는 경우에 씁니다.

under the chair 의자 밑에 / **under the bridge** 다리 밑에

STEP 2

영어의 뼈대 익히기

다음 표를 보면서 장소 부사구 활용 문장을 익혀 보세요.

	주어+be동사	+장소 부사구.
1	I am 나는 있다	at home. 집에.
2	She is 그녀는 있다	at school. 학교에.
3	He is 그는 있다	at work. 직장에.
4	We are 우리는 있다	at the airport. 공항에.
5	The book is 그 책은 있다	on the table. 테이블 위에.
6	My wallet is 내 지갑은 있다	in the bag. 가방 안에.

7	My phone is 내 전화기는 있다	on the bed. 침대 위에.
8	Students are 학생들은 있다	in the classroom. 교실 안에.
9	He is 그는 있다	in the bathroom. 욕실 안에.
10	The cat is 고양이는 있다	under the chair. 의자 밑에.

오늘의 어휘

school 학교	**work** 직장	**wallet** 지갑
bed 침대	**student** 학생	**classroom** 교실

STEP 3

영어 어순 따라 말해 보기

영어 어순에 따른 우리말을 보고, 영어 문장을 쓰고 큰소리로 말해 보세요.

1	나는 있다	집에.
2	그녀는 있다	학교에.
3	그는 있다	직장에.
4	우리는 있다	공항에.
5	그 책은 있다	테이블 위에.
6	내 지갑은 있다	가방 안에.
7	내 전화기는 있다	침대 위에.
8	학생들은 있다	교실 안에.
9	그는 있다	욕실 안에.
10	고양이는 있다	의자 밑에.

1

2

3

4

5

6

7

8

9

10

STEP 4

영어로 즉시 말해 보기

우리말 어순의 문장을 보고, 영어 문장을 즉시 쓰고 말해 보세요.

1	나는 집에 있다.
2	그녀는 학교에 있다.
3	그는 직장에 있다.
4	우리는 공항에 있다.
5	그 책은 테이블 위에 있다.
6	내 지갑은 가방 안에 있다.
7	내 전화기는 침대 위에 있다.
8	학생들은 교실 안에 있다.
9	그는 욕실 안에 있다.
10	고양이는 의자 밑에 있다.

1

2

3

4

5

6

7

8

9

10

CHAPTER 26

부사구로 언제 하는지 말하기

STEP 1

영어의 뼈대 배우기

앞에서는 'be동사+부사구' 형태 중 장소 부사구를 활용하는 문장을 배웠습니다. 이번에는 '언제' 어떤 일이 있었는지를 말하는 '시간 부사구' 활용법을 배워 보겠습니다.

시간 부사구는 '전치사+시간 표현' 형태로 되어 있습니다. 시간 표현에 어울리는 전치사가 각각 있기 때문에 여기서는 전치사의 종류를 조금 더 자세히 알아 보겠습니다.

1. in

연도 / 월 / 계절 등 넓은 시간대를 말할 때 사용합니다.

in 2026 2026년에 / **in January** 1월에 / **in winter** 겨울에

2. on

요일, 날짜와 같이 특정한 날을 말할 때 사용합니다.

on Monday 월요일에 / **on my birthday** 내 생일에

3. at

3시, 7시처럼 정확한 시간을 말할 때 사용합니다.

at 3 3시에 / **at noon** 정오에

4. 전치사가 없는 부사

어떤 부사들은 단어 자체가 명확히 시간을 표현하기 때문에 전치사가 필요 없는 경우도 있습니다. 이런 것은 그대로 외워 두면 좋습니다.

today 오늘 / **yesterday** 어제 / **tomorrow** 내일

STEP 2

영어의 뼈대 익히기

다음 표를 보면서 시간 부사구 활용 문장을 익혀 보세요.

	주어+be동사	+시간 부사구.
1	The meeting is 그 회의는 있다	on Monday. 월요일에.
2	My birthday is 내 생일은 있다	in January. 1월에.
3	The event is 그 행사는 있다	in 2026. 2026년에.
4	The party is 파티가 있다	on Friday. 금요일에.
5	The exam is 그 시험은 있다	tomorrow. 내일.
6	The concert was 그 콘서트는 있었다	yesterday. 어제.

7	**The match is** 그 경기는 있다	**at 3.** 3시에.
8	**The workshop was** 그 워크숍은 있었다	**on Wednesday.** 수요일에.
9	**My wedding was** 내 결혼식은 있었다	**in winter.** 겨울에.
10	**The interview is** 면접이 있다	**at 7.** 7시에.

오늘의 어휘

birthday 생일	**January** 1월	**event** 행사
Friday 금요일	**exam** 시험	**match** 경기
workshop 워크숍	**Wednesday** 수요일	**wedding** 결혼식
winter 겨울	**interview** 면접	

STEP 3

영어 어순 따라 말해 보기

영어 어순에 따른 우리말을 보고, 영어 문장을 쓰고 큰소리로 말해 보세요.

1	그 회의는 있다	월요일에.
2	내 생일은 있다	1월에.
3	그 행사는 있다	2026년에.
4	파티가 있다	금요일에.
5	그 시험은 있다	내일.
6	그 콘서트는 있었다	어제.
7	그 경기는 있다	3시에.
8	워크숍은 있었다	수요일에.
9	내 결혼식은 있었다	겨울에.
10	면접이 있다	7시에.

1

2

3

4

5

6

7

8

9

10

STEP 4

영어로 즉시 말해 보기

우리말 어순의 문장을 보고, 영어 문장을 즉시 쓰고 말해 보세요.

1	그 회의는 월요일에 있다.
2	내 생일은 1월에 있다.
3	그 행사는 2026년에 있다.
4	파티가 금요일에 있다.
5	그 시험은 내일 있다.
6	그 콘서트는 어제 있었다.
7	그 경기는 3시에 있다.
8	워크숍은 수요일에 있었다.
9	내 결혼식은 겨울에 있었다.
10	면접이 7시에 있다.

1

2

3

4

5

6

7

8

9

10

CHAPTER 27

조동사의 개념과 특징

STEP 1

영어의 뼈대 배우기

이번에는 조동사라는 것을 배워 보겠습니다. 쉽게 설명하면 조동사는 동사를 다양한 의미로 사용할 수 있도록 '느낌을 살려 주는' 단어입니다. 예를 들어, '나는 달릴 수 있다.', '너는 물을 마시는 게 좋다.', '그들은 씻어야 한다.'와 같은 말을 할 때 꼭 필요합니다. 가만히 보면 우리가 매일 사용하는 말들이죠? 이와 같이 조동사는 동사와 절대 떨어질 수 없는 존재입니다. 꼭 알아야 하는 조동사 다섯 가지를 먼저 배워 보겠습니다.

조동사	의미
can	~할 수 있다
may	~할지도 모른다, ~해도 된다
will	~할 것이다
should	~하는 게 좋다
must	반드시 ~해야 한다

여기서 중요한 것은, 조동사는 문장 안에서 독자적으로 존재할 수 없습니다. 즉, 동사와 반드시 함께 있어야 하고, 조동사만으로는 제대로 된 문장이 되지 않는다는 겁니다.

조동사를 활용하는 기본 구조는 매우 간단합니다. 조동사 뒤에 동사원형을 쓰는 것입니다. 조동사 뒤에 be동사가 올 때도 원형인 be가 옵니다.

주어+조동사+동사원형+명사/부사.

정말 중요한 개념입니다. 다음 예문을 보시면 확실히 이해가 될 것입니다.

수영을 할 수 있다

= can swim (O) / can swims (X) / can swimming (X)

공부를 할 것이다

= will study (O) / will studied (X) / will studying (X)

나는 행복해질 것이다.

= I will be happy. (O) / I will am happy. (X)

이 조동사들을 활용한 간단한 문장들을 연습해 보겠습니다.

STEP 2

영어의 뼈대 익히기

다음 표를 보면서 조동사 문장을 익혀 보세요.

	주어	+조동사+동사원형	+명사/부사.
1	I 나는	can drive 운전할 수 있다	a truck. 트럭을.
2	My dad 우리 아빠는	can swim 수영할 수 있다	in the sea. 바다에서.
3	You 너는	may go 가도 된다	home. 집에.
4	You 너는	may eat 먹어도 된다	this cake. 이 케이크를.
5	He 그는	will do 할 것이다	homework. 숙제를.
6	I 나는	will wash 씻을 것이다	my hands. 손을.

7	You 너는	should study 공부하는 게 좋다	hard. 열심히.
8	You 너희들은	should get up 일어나는 게 좋다	early. 일찍.
9	We 우리는	must leave 반드시 떠나야 한다	now. 지금.
10	You 너는	must tell 반드시 말해야 한다	the truth. 진실을.

오늘의 어휘

drive 운전하다	**truck** 트럭	**dad** 아빠
swim 수영하다	**sea** 바다	**go** 가다
leave 떠나다	**tell** 말하다	**truth** 사실, 진실

STEP 3

영어 어순 따라 말해 보기

영어 어순에 따른 우리말을 보고, 영어 문장을 쓰고 큰소리로 말해 보세요.

1	나는	운전할 수 있다	트럭을.
2	우리 아빠는	수영할 수 있다	바다에서.
3	너는	가도 된다	집에.
4	너는	먹어도 된다	이 케이크를.
5	그는	할 것이다	숙제를.
6	나는	씻을 것이다	손을.
7	너는	공부하는 게 좋다	열심히.
8	너희들은	일어나는 게 좋다	일찍.
9	우리는	반드시 떠나야 한다	지금.
10	너는	반드시 말해야 한다	진실을.

1

2

3

4

5

6

7

8

9

10

STEP 4

영어로 즉시 말해 보기

우리말 어순의 문장을 보고, 영어 문장을 즉시 쓰고 말해 보세요.

1	나는 트럭을 운전할 수 있다.
2	우리 아빠는 바다에서 수영할 수 있다.
3	너는 집에 가도 된다.
4	너는 이 케이크를 먹어도 된다.
5	그는 숙제를 할 것이다.
6	나는 손을 씻을 것이다.
7	너는 열심히 공부하는 게 좋다.
8	너희들은 일찍 일어나는 게 좋다.
9	우리는 지금 반드시 떠나야 한다.
10	너는 반드시 진실을 말해야 한다.

1

2

3

4

5

6

7

8

9

10

CHAPTER 28

조동사 부정문

STEP 1

영어의 뼈대 배우기

조동사는 그냥 동사가 아니라, 동사 앞에서 '느낌'을 더해 주는 역할이라고 했습니다. 복습 차원에서 eat(먹다)에 조동사를 붙여 보겠습니다.

can eat → 먹을 수 있다

may eat → 먹어도 된다

should eat → 먹는 게 좋다

will eat → 먹을 것이다

must eat → 꼭 먹어야 한다

그런데 말이라는 것은 꼭 긍정적으로만 할 수는 없죠. '먹을 수 없다', '먹지 않는 게 좋다', '안 먹을 것이다'와 같이 부정문을 말하기도 해요. 이번에는 조동사 부정문을 만드는 방법을 배워 보겠습니다.

조동사 부정문은, 조동사 뒤에 not만 붙여 주면 됩니다. 여기서 주의할 점은, 동사원형 뒤가 아니라 조동사 뒤에 not을 붙여 줘야 한다는 것입니다.

주어+조동사+not+동사원형+명사/부사.

즉, may는 may not, will은 will not이 되는 것이죠. 특이하게 can만 띄어 쓰기 없이 cannot으로 붙여서 써야 합니다. 그리고 조동사와 not은 줄여서 쓸 수도 있습니다. 조동사의 부정 표현과 축약형을 정리해 보겠습니다.

조동사 부정	축약형	의미
cannot	can't	~할 수 없다
may not	X	~ 안 할지도 모른다, ~하면 안 된다
will not	won't	~하지 않을 것이다
should not	shouldn't	~하지 않는 게 좋다
must not	mustn't(거의 쓰지 않음)	절대 ~하면 안 된다

실제 영어회화에서는 거의 대부분 축약형을 사용하기 때문에 우리는 축약형 문장 위주로 연습해 보겠습니다.

STEP 2

영어의 뼈대 익히기

다음 표를 보면서 조동사 부정문 문장을 익혀 보세요.

	주어	+조동사+not+동사원형	+명사/부사.
1	You 너는	may not go out 외출하면 안 된다	after 7. 7시 이후에.
2	I 나는	can't find 찾을 수 없다	my bag. 내 가방을.
3	You 너는	can't open 열 수 없다	the window. 창문을.
4	You 너는	can't use 사용할 수 없다	the computer. 컴퓨터를.
5	You 너는	shouldn't ride 타지 않는 게 좋다	this bike. 이 자전거를.
6	You 너는	must not forget 절대 잊으면 안 된다	my name. 나의 이름을.

7	I 나는	won't get up 일어나지 않을 것이다	early. 일찍.
8	I 나는	won't buy 사지 않을 것이다	anything. 아무것도.
9	She 그녀는	won't invite 초대하지 않을 것이다	me. 나를.
10	He 그는	won't play 연주하지 않을 것이다	the piano. 피아노를.

오늘의 어휘

go out 외출하다	**after** ~이후에	**use** 사용하다
ride 타다	**forget** 잊다	

STEP 3

영어 어순 따라 말해 보기

영어 어순에 따른 우리말을 보고, 영어 문장을 쓰고 큰소리로 말해 보세요.

1	너는	외출하면 안 된다	7시 이후에.
2	나는	찾을 수 없다	내 가방을.
3	너는	열 수 없다	창문을.
4	너는	사용할 수 없다	컴퓨터를.
5	너는	타지 않는 게 좋다	이 자전거를.
6	너는	절대 잊으면 안 된다	나의 이름을.
7	나는	일어나지 않을 것이다	일찍.
8	나는	사지 않을 것이다	아무것도.
9	그녀는	초대하지 않을 것이다	나를.
10	그는	연주하지 않을 것이다	피아노를.

1

2

3

4

5

6

7

8

9

10

STEP 4

영어로 즉시 말해 보기

우리말 어순의 문장을 보고, 영어 문장을 즉시 쓰고 말해 보세요.

1	너는 7시 이후에 외출하면 안 된다.
2	나는 내 가방을 찾을 수 없다.
3	너는 창문을 열 수 없다.
4	너는 컴퓨터를 사용할 수 없다.
5	너는 이 자전거를 타지 않는 게 좋다.
6	너는 나의 이름을 절대 잊으면 안 된다.
7	나는 일찍 일어나지 않을 것이다.
8	나는 아무것도 사지 않을 것이다.
9	그녀는 나를 초대하지 않을 것이다.
10	그는 피아노를 연주하지 않을 것이다.

1

2

3

4

5

6

7

8

9

10

CHAPTER 29

조동사 의문문

STEP 1

영어의 뼈대 배우기

조동사를 활용한 평서문과 부정문을 배웠으니, 이번에는 조동사 의문문을 배워 보겠습니다. '그거 먹을 수 있어?', '그거 먹을 거야?', '이거 먹는 게 좋을까?' 이런 문장들은 어떻게 만들까요? 조동사 의문문은 평서문에서 조동사를 문장의 맨 앞으로 옮겨 주기만 하면 됩니다. 예문을 보겠습니다.

평서문	의문문	의미
You can swim.	Can you swim?	너 수영할 수 있어?
I may go.	May I go?	저 가도 되나요?
You will come.	Will you come?	너 올 거야?
We should go.	Should we go?	우리가 가는 게 좋을까?
He must come.	Must he come?	그는 꼭 와야 해?

여기서 중요한 것 하나! 조동사마다 의문문으로 자주 쓰이는 정도가 조금씩 다릅니다. 어떤 것은 의문문으로 잘 쓰지 않는 조동사도 있죠.

먼저 must. 문법적으로는 “Must he come?”이 맞긴 하지만, 일상회화에서는 must를 사용한 의문문을 거의 쓰지 않습니다. 의미가 너무 강하고 강압적이기 때문에 의문문으로는 적합하지 않습니다.

그리고 may는 질문할 때 “May I ~?(제가 ~해도 될까요?)”처럼 주어를 I만 주로 씁니다. 그 외에는 거의 쓰지 않는다고 생각하면 됩니다.

조동사 의문문 중에 정말 많이 쓰는 것 다섯 가지를 알려 드릴 테니, 이건 꼭 외워 두세요.

Can I ~? 내가 ~할 수 있을까? / 내가 ~해도 될까?

Can you ~? 너는 ~할 수 있어?

May I ~? 제가 ~해도 될까요?

Will you ~? 너는 ~할 거야?

Should I ~? 내가 ~하는 게 좋을까?

이 다섯 개는 실제 회화에서 정말 자주 쓰입니다. 오늘은 이 중에서도 가장 많이 쓰이는 딱 두 가지 표현을 골라서 문장을 연습해 보겠습니다.

STEP 2

영어의 뼈대 익히기

다음 표를 보면서 조동사 의문문 문장을 익혀 보세요.

	조동사+주어+동사원형	+명사/부사?
1	Will you go 너는 갈 거야?	home? 집으로
2	Will you come 너는 올 거야?	early? 일찍
3	Will you sit 너는 앉을 거야?	here? 여기에
4	Will you stay 너는 머무를 거야?	at home? 집에
5	Will you buy 너는 살 거야?	this shirt? 이 셔츠를
6	Can you help 너는 도와줄 수 있어?	me? 나를

7	Can you clean 너는 청소할 수 있어?	your room? 네 방을
8	Can you do 너는 할 수 있어?	this? 이것을
9	Can you work 너는 일할 수 있어?	tomorrow? 내일
10	Can you play 너는 연주할 수 있어?	the piano? 피아노를

오늘의 어휘

come 오다	**stay** 머무르다	**shirt** 셔츠
clean 청소하다	**tomorrow** 내일	**play** 연주하다

STEP 3

영어 어순 따라 말해 보기

영어 어순에 따른 우리말을 보고, 영어 문장을 쓰고 큰소리로 말해 보세요.

1	너는 갈 거야?	집에
2	너는 올 거야?	일찍
3	너는 앉을 거야?	여기에
4	너는 머무를 거야?	집에
5	너는 살 거야?	이 셔츠를
6	너는 도와줄 수 있어?	나를
7	너는 청소할 수 있어?	네 방을
8	너는 할 수 있어?	이것을
9	너는 일할 수 있어?	내일
10	너는 연주할 수 있어?	피아노를

1

2

3

4

5

6

7

8

9

10

STEP 4

영어로 즉시 말해 보기

우리말 어순의 문장을 보고, 영어 문장을 즉시 쓰고 말해 보세요.

1	집에 갈 거야?
2	일찍 올 거야?
3	여기에 앉을 거야?
4	집에 머무를 거야?
5	이 셔츠를 살 거야?
6	나를 도와줄 수 있어?
7	네 방을 청소할 수 있어?
8	이것을 할 수 있어?
9	내일 일할 수 있어?
10	피아노를 연주할 수 있어?

1

2

3

4

5

6

7

8

9

10

CHAPTER 30

조동사 Can

STEP 1

영어의 뼈대 배우기

이제 앞에서 다뤘던 필수 조동사들을 하나씩 자세히 배워 보겠습니다. 첫 번째는 can입니다. can의 기본적인 의미는 '~할 수 있다'입니다. 그리고 '~해도 된다'라는 의미도 가지고 있습니다.

1. ~할 수 있다(능력 있음)

무언가를 스스로 할 수 있을 때 쓰는 표현입니다. 상대방에게 'Can you ~?'라고 물어보면 '너는 ~할 수 있니?'라고 능력 여부를 묻는 표현이 됩니다.

I can speak English. 나는 영어로 말할 수 있어요.

He can drive. 그는 운전할 수 있어요.

2. ~해도 된다(허락)

허락의 의미로 쓸 때는 주로 상대방에게 '~해도 돼.'라고 말할 때 씁니다. 그래서 거의 주어가 you입니다. 반대로 허락을 구하는 질문을 할 때는 'Can I ~?'라고 하고, '제가 ~해도 될까요?'라는 의미가 됩니다.

You can go. 너는 가도 돼. / **You can eat now.** 이제 먹어도 돼.

방금 배운 can의 용법들을 부정문으로 바꾸면 '~할 수 없다'라고 능력이 없음을 말하거나 '~하면 안 된다'라고 허락을 거절하는 표현이 됩니다.

1. ~할 수 없다(능력 없음)

I can't read. 나는 읽을 수 없다. / **I can't drive.** 나는 운전을 못 한다.

2. ~하면 안 된다(허락 거절)

You can't go. 너는 가면 안 돼.

You can't eat that. 그거 먹으면 안 돼.

STEP 2

영어의 뼈대 익히기

다음 표를 보면서 조동사 Can을 활용한 문장을 익혀 보세요.

	주어	+can/can't+동사원형	+명사/부사.
1	I 나는	can swim 수영할 수 있다	in the sea. 바다에서.
2	He 그는	can speak 말할 수 있다	English. 영어를.
3	She 그녀는	can run 달릴 수 있다	fast. 빠르게.
4	I 나는	can meet 만날 수 있다	you. 너를.
5	He 그는	can help 도와줄 수 있다	us. 우리를.
6	She 그녀는	can't drive 운전할 수 없다	a bus. 버스를.

7	I 나는	can't go out 외출할 수 없다	now. 지금.
8	You 너는	can't sit 앉을 수 없다	here. 여기에.
9	I 나는	can't find 찾을 수 없다	my bag. 내 가방을.
10	They 그들은	can't eat 먹을 수 없다	spicy food. 매운 음식을.

오늘의 어휘

speak 말하다	**fast** 빠르게	**us** 우리를
bus 버스	**now** 지금	**spicy** 매운

STEP 3

영어 어순 따라 말해 보기

영어 어순에 따른 우리말을 보고, 영어 문장을 쓰고 큰소리로 말해 보세요.

1	나는	수영할 수 있다	바다에서.
2	그는	말할 수 있다	영어를.
3	그녀는	달릴 수 있다	빠르게.
4	나는	만날 수 있다	너를.
5	그는	도와줄 수 있다	우리를.
6	그녀는	운전할 수 없다	버스를.
7	나는	외출할 수 없다	지금.
8	너는	앉을 수 없다	여기에.
9	나는	찾을 수 없다	내 가방을.
10	그들은	먹을 수 없다	매운 음식을.

1

2

3

4

5

6

7

8

9

10

STEP 4

영어로 즉시 말해 보기

우리말 어순의 문장을 보고, 영어 문장을 즉시 쓰고 말해 보세요.

1	나는 바다에서 수영할 수 있다.
2	그는 영어를 말할 수 있다.
3	그녀는 빠르게 달릴 수 있다.
4	나는 너를 만날 수 있다.
5	그는 우리를 도와줄 수 있다.
6	그녀는 버스를 운전할 수 없다.
7	나는 지금 외출할 수 없다.
8	너는 여기에 앉을 수 없다.
9	나는 내 가방을 찾을 수 없다.
10	그들은 매운 음식을 먹을 수 없다.

1

2

3

4

5

6

7

8

9

10

CHAPTER 31

조동사 May

STEP 1

영어의 뼈대 배우기

이번에 배울 조동사는 may입니다. may도 뜻이 두 가지가 있습니다. 하나는 '~해도 된다'라는 허락의 의미이고, 하나는 '~일지도 모른다'라는 추측의 의미입니다.

먼저, 허락의 의미로 쓰이는 예문을 보겠습니다.

You may leave now. 이제 출발하셔도 됩니다.

You may come in. 들어오셔도 됩니다.

그리고 추측의 의미로 쓰이는 예문은 다음과 같습니다.

It may rain tomorrow. 내일 비가 올지도 몰라요.

She may be late. 그녀는 늦을지도 몰라요.

may의 부정문의 형태는 may not입니다. 축약형은 쓰지 않습니다. 부정문도 '~하면 안 된다'라는 허락을 거절하는 의미와 '~가 아닐 수도 있어요'라는 부정 추측의 의미 두 가지로 쓰입니다.

허락을 거절하는 의미의 예문은 다음과 같습니다.

You may not use your phone. 휴대폰을 사용하면 안 됩니다.

그리고 부정적인 추측의 예문은 다음과 같습니다.

He may not come today. 그는 오늘 안 올 수도 있어요.

특이한 것은, May로 의문문을 만들 때는 거의 주어를 하나만 사용합니다. 'May I ~?'라고 해서 '제가 ~을 해도 될까요?'라고 허락을 공손하게 구하는 표현입니다. 그 외의 주어는 거의 쓰지 않는다고 생각하고 외워 두세요.

May I come in? 들어가도 될까요?

May I borrow your pen? 펜 좀 빌려도 될까요?

STEP 2

영어의 뼈대 익히기

다음 표를 보면서 조동사 May를 활용한 문장을 익혀 보세요.

	주어	+may+동사원형	+명사/부사.
1	He 그는	may know 알지도 모른다	the answer. 정답을.
2	She 그녀는	may be late 늦을지도 모른다	again. 또.
3	They 그들은	may come 올지도 모른다	here. 여기로.
4	The store 그 상점은	may close 닫을지도 모른다	at 8. 8시에.
5	He 그는	may go 갈지도 모른다	home. 집으로.
6	You 너는	may sit 앉아도 된다	on a chair. 의자에.

7	You 너는	may leave 출발해도 된다	now. 지금.
8	You 너는	may use 사용해도 된다	my umbrella. 내 우산을.
9	You 너는	may borrow 빌려도 된다	my book. 내 책을.
10	You 너는	may eat 먹어도 된다	this cake. 이 케이크를.

오늘의 어휘

answer 정답	**late** 늦은	**again** 다시, 또
store 가게, 상점	**close** 문을 닫다	**umbrella** 우산
borrow 빌리다		

STEP 3

영어 어순 따라 말해 보기

영어 어순에 따른 우리말을 보고, 영어 문장을 쓰고 큰소리로 말해 보세요.

1	그는	알지도 모른다	정답을.
2	그녀는	늦을지도 모른다	또.
3	그들은	올지도 모른다	여기로.
4	그 상점은	닫을지도 모른다	8시에.
5	그는	갈지도 모른다	집으로.
6	너는	앉아도 된다	의자에.
7	너는	출발해도 된다	지금.
8	너는	사용해도 된다	내 우산을.
9	너는	빌려도 된다	내 책을.
10	너는	먹어도 된다	이 케이크를.

1

2

3

4

5

6

7

8

9

10

STEP 4

영어로 즉시 말해 보기

우리말 어순의 문장을 보고, 영어 문장을 즉시 쓰고 말해 보세요.

1	그는 정답을 알지도 모른다.
2	그녀는 또 늦을지도 모른다.
3	그들은 여기로 올지도 모른다.
4	그 상점은 8시에 닫을지도 모른다.
5	그는 집에 갈지도 모른다.
6	너는 의자에 앉아도 된다.
7	너는 지금 출발해도 된다.
8	너는 내 우산을 사용해도 된다.
9	너는 내 책을 빌려가도 된다.
10	너는 이 케이크를 먹어도 된다.

1

2

3

4

5

6

7

8

9

10

CHAPTER 32

조동사 Will

STEP 1

영어의 뼈대 배우기

조동사 중에 빠질 수 없는 것이 will입니다. 한 번이라도 영어를 배워 본 사람이라면 will을 '~할 것이다'라는 미래 의미로 알고 있을 겁니다. 그런데 will에는 또 하나의 다른 의미가 있습니다. 우리말로는 '~할 것이다'라고 똑같이 해석되지만, 미래가 아니라 말하는 사람의 마음, 즉 의지가 담겨 있는 표현이 됩니다. 이 두 가지의 쓰임을 예문과 함께 보겠습니다.

1. ~할 것이다(미래)

will은 아직 일어나지 않았지만, 앞으로 그렇게 될 거라고 예상할 때 사용할 수 있습니다.

I will rain tomorrow. 내일 비가 올 거예요.

She will be late. 그녀는 늦을 거예요.

2. ~할 것이다(의지, 결심)

will은 내가 마음속으로 지금 정한 일, 즉 '내가 ~하기로 결정했어.'라는 뜻으로 사용할 수 있습니다. 미래형과 우리말 해석은 똑같지만, 미래에 대한 예측이 아니라 의지가 드러나 있다고 보면 좋습니다.

I will help you. 내가 널 도와줄게.

I will do homework. 나는 숙제를 할 거야. (숙제를 하기로 결심)

반대로 부정문은 '~하지 않을 것이다'라는 미래의 부정 의미와, 부정의 의지를 나타내는 두 가지 의미로 사용할 수 있습니다. will not은 won't로 줄여서 쓰는 경우가 훨씬 많습니다. 미래의 부정을 나타내는 예문을 볼게요.

She won't be late. 그녀는 늦지 않을 거야.

부정의 의지를 나타내는 예문은 다음과 같습니다. 미래에 대한 예측보다는 결심의 뉘앙스라고 생각하는 것이 좋습니다.

I won't go. 나는 가지 않을 거야.

STEP 2

영어의 뼈대 익히기

다음 표를 보면서 조동사 Will을 활용한 문장을 익혀 보세요.

	주어	+will/won't +동사원형	+명사/부사.
1	I 나는	will call 전화할 것이다	you. 너에게.
2	She 그녀는	will come 올 것이다	here. 여기로.
3	The train 그 열차는	will arrive 도착할 것이다	at 5. 5시에.
4	He 그는	will go 갈 것이다	to the beach. 해변으로.
5	I 나는	will help 도와줄 것이다	poor people. 불쌍한 사람들을.
6	I 나는	won't forget 잊지 않을 것이다	your kindness. 너의 친절을.

7	We 우리는	won't eat 먹지 않을 것이다	vegetables. 야채를.
8	I 나는	won't be late 늦지 않을 것이다	again. 다시는.
9	I 나는	won't change 바꾸지 않을 것이다	my mind. 내 마음을.
10	I 나는	won't marry 결혼하지 않을 것이다	him. 그와.

오늘의 어휘

call 전화하다	**arrive** 도착하다	**beach** 해변
poor 불쌍한	**forget** 잊어버리다	**kindness** 친절
vegetable 야채	**mind** 마음	**marry** 결혼하다

STEP 3

영어 어순 따라 말해 보기

영어 어순에 따른 우리말을 보고, 영어 문장을 쓰고 큰소리로 말해 보세요.

1	나는	전화할 것이다	너에게.
2	그녀는	올 것이다	여기로.
3	그 열차는	도착할 것이다	5시에.
4	그는	갈 것이다	해변으로.
5	나는	도와줄 것이다	불쌍한 사람들을.
6	나는	잊지 않을 것이다	너의 친절을.
7	우리는	먹지 않을 것이다	야채를.
8	나는	늦지 않을 것이다	다시는.
9	나는	바꾸지 않을 것이다	내 마음을.
10	나는	결혼하지 않을 것이다	그와.

1

2

3

4

5

6

7

8

9

10

STEP 4

영어로 즉시 말해 보기

우리말 어순의 문장을 보고, 영어 문장을 즉시 쓰고 말해 보세요.

1	나는 너에게 전화할 것이다.
2	그녀는 여기로 올 것이다.
3	그 열차는 5시에 도착할 것이다.
4	그는 해변으로 갈 것이다.
5	나는 불쌍한 사람들을 도와줄 것이다.
6	나는 너의 친절을 잊지 않을 것이다.
7	우리는 야채를 먹지 않을 것이다.
8	나는 다시는 늦지 않을 것이다.
9	나는 내 마음을 바꾸지 않을 것이다.
10	나는 그와 결혼하지 않을 것이다.

1

2

3

4

5

6

7

8

9

10

CHAPTER 33

조동사 Should

STEP 1

영어의 뼈대 배우기

이번에는 조언을 할 때 쓰는 조동사, should입니다. should는 일상 회화에서 정말 자주 쓰입니다. 의미는 '~하는 게 좋겠다'입니다. 여기에는 강요나 명령이 아니라, 부드러운 조언 같은 느낌이 담겨 있어요.

예를 들어, 친구가 평소에 너무 늦게 일어날 때, 이렇게 말할 수 있습니다.

You should get up early. 너는 일찍 일어나는 게 좋겠어.

또는 직장 동료가 아파 보일 때, 이렇게 얘기해 줄 수 있죠.

You should see a doctor. 병원에 가 보시는 게 좋겠어요.

should의 쓰임과 예문을 알아 보겠습니다.

1. ~하는 게 좋겠다(긍정 조언)

꼭 해야 한다고 강요하는 것이 아니라 더 나은 것이라고 권유하는 정도의 뉘앙스입니다.

You should clean your room. 방 청소를 하는 게 좋겠어.

You should say sorry. 사과하는 게 좋겠어.

2. ~하지 않는 게 좋겠다 (부정 조언)

반대로 부정문으로 쓰면 하지 말아야 할 것을 조언하는 말이 되겠죠. should not은 shouldn't로 줄여서 많이 씁니다.

You shouldn't eat too much. 너 너무 많이 먹지 않는 게 좋겠어.

You shouldn't be late. 너 늦지 않는 게 좋겠어.

STEP 2

영어의 뼈대 익히기

다음 표를 보면서 조동사 Should을 활용한 문장을 익혀 보세요.

	주어	+should/shouldn't +동사원형	+명사/부사.
1	We 우리는	should leave 출발하는 게 좋다	now. 지금.
2	You 너는	should study 공부하는 게 좋다	hard. 열심히.
3	People 사람들은	should respect 존중하는 게 좋다	each other. 서로.
4	You 너는	should wear 입는 게 좋다	a jacket. 재킷을.
5	She 그녀는	should stay 머무르는 게 좋다	at home. 집에.
6	You 너는	shouldn't eat 먹지 않는 게 좋다	too much. 너무 많이.

7	We 우리는	shouldn't waste 낭비하지 않는 게 좋다	time. 시간을.
8	We 우리는	shouldn't judge 판단하지 않는 게 좋다	others. 다른 사람들을.
9	You 너는	shouldn't skip 건너 뛰지 않는 게 좋다	breakfast. 아침식사를.
10	You 너희들은	shouldn't be late 늦지 않는 게 좋다	for the meeting. 회의에.

오늘의 어휘

respect 존중하다	**each other** 서로	**wear** 입다
jacket 재킷	**too much** 너무 많이	**waste** 낭비하다
judge 판단하다	**others** 다른 사람들	**skip** 건너 뛰다
meeting 회의		

STEP 3

영어 어순 따라 말해 보기

영어 어순에 따른 우리말을 보고, 영어 문장을 쓰고 큰소리로 말해 보세요.

1	우리는	출발하는 게 좋다	지금.
2	너는	공부하는 게 좋다	열심히.
3	사람들은	존중하는 게 좋다	서로.
4	너는	입는 게 좋다	재킷을.
5	그녀는	머무르는 게 좋다	집에.
6	너는	먹지 않는 게 좋다	너무 많이.
7	우리는	낭비하지 않는 게 좋다	시간을.
8	우리는	판단하지 않는 게 좋다	다른 사람들을.
9	너는	건너 뛰지 않는 게 좋다	아침식사를.
10	너는	늦지 않는 게 좋다	회의에.

1

2

3

4

5

6

7

8

9

10

STEP 4

영어로 즉시 말해 보기

우리말 어순의 문장을 보고, 영어 문장을 즉시 쓰고 말해 보세요.

1	우리는 지금 출발하는 게 좋다.
2	너는 열심히 공부하는 게 좋다.
3	사람들은 서로 존중하는 게 좋다.
4	너는 재킷을 입는 게 좋다.
5	그녀는 집에 머무르는 게 좋다.
6	너는 너무 많이 먹지 않는 게 좋다.
7	우리는 시간을 낭비하지 않는 게 좋다.
8	우리는 다른 사람들을 판단하지 않는 게 좋다.
9	너는 아침식사를 건너 뛰지 않는 게 좋다.
10	너는 회의에 늦지 않는 게 좋다.

1

2

3

4

5

6

7

8

9

10

CHAPTER 34

조동사 Must

STEP 1

영어의 뼈대 배우기

이번에 배울 조동사는 지금까지 배운 것들 중에 가장 강한 느낌을 주는 단어입니다. 바로 must인데, '반드시/꼭 ~해야 한다'라는 뜻을 가지고 있습니다. 절대 예외 없이 "이건 정말 해야 돼!" 하고 느껴질 만큼 강한 의무를 나타낼 때 쓰는 말이에요. should와 헷갈리는 경우가 간혹 있는데, must는 should보다 훨씬 강한 의미입니다. should가 부드러운 조언, 충고의 뉘앙스라면, must는 규칙, 법, 안전, 중요한 약속과 같이 반드시 지켜야 하는 것에 자주 쓰입니다. 그래서 일상 회화에서는 쓸 일이 많지는 않습니다. 아래 예문을 보겠습니다.

You must wear a helmet. 반드시 헬멧을 착용해야 합니다.

You must bring your ID. 신분증을 꼭 가져와야 합니다.

예문에서 보면 알 수 있듯이, 반드시 지켜져야 하는 약속이나 규율 등에서 유용하게 사용됩니다.

must의 긍정문이 반드시 지켜져야 하는 것들에 대해 말했다면, 부정문은 절대 하면 안 되는 것, 금지사항을 말할 때 씁니다. must not이라고 쓰고, 축약형으로 mustn't가 있지만 이 형태는 거의 쓰지 않습니다. 절대 하면 안 되는 금지사항을 말할 때 줄임말이 굳이 필요하지 않기 때문입니다. 예문을 보겠습니다.

You must not touch this. 이건 절대 만지면 안 돼요.

We must not forget this. 우리는 절대 이것을 잊으면 안 됩니다.

must의 의문문은 쓰지 않는다고 생각해도 좋습니다. '제가 ~을 꼭 해야 하나요?'라는 질문은 일상생활에서 흔히 하지 않는 질문입니다. 규칙이나 법은 언제나 일방적으로 알려 주는 식이기 때문에 의문문은 쓰지 않는다고 알아 두는 것이 낫습니다.

STEP 2

영어의 뼈대 익히기

다음 표를 보면서 조동사 Must을 활용한 문장을 익혀 보세요.

	주어	+must/must not +동사원형	+명사/부사.
1	You 너는	must wear 반드시 착용해야 한다	a seatbelt. 안전벨트를.
2	You 너는	must finish 반드시 끝내야 한다	homework. 숙제를.
3	You 너는	must listen 반드시 들어야 한다	carefully. 주의 깊게.
4	You 너는	must arrive 반드시 도착해야 한다	on time. 정시에.
5	You 너는	must find 반드시 찾아야 한다	a solution. 해결책을.
6	You 너는	must not touch 절대 만지면 안 된다	anything. 아무것도.

7	You 너는	must not forget 절대 잊으면 안 된다	your password. 비밀번호를.
8	You 너는	must not park 절대 주차하면 안 된다	here. 여기에.
9	You 너는	must not drink 절대 마시면 안 된다	that water. 저 물을.
10	You 너는	must not use 절대 사용하면 안 된다	your phone. 네 전화기를.

오늘의 어휘

seatbelt 안전벨트	**listen** 듣다	**carefully** 주의 깊게
arrive 도착하다	**on time** 정시에	**solution** 해결책
touch 만지다	**password** 비밀번호	**park** 주차하다

STEP 3

영어 어순 따라 말해 보기

영어 어순에 따른 우리말을 보고, 영어 문장을 쓰고 큰소리로 말해 보세요.

1	너는	반드시 착용해야 한다	안전벨트를.
2	너는	반드시 끝내야 한다	숙제를.
3	너는	반드시 들어야 한다	주의 깊게.
4	너는	반드시 도착해야 한다	정시에.
5	너는	반드시 찾아야 한다	해결책을.
6	너는	절대 만지면 안 된다	아무것도.
7	너는	절대 잊으면 안 된다	비밀번호를.
8	너는	절대 주차하면 안 된다	여기에.
9	너는	절대 마시면 안 된다	저 물을.
10	너는	절대 사용하면 안 된다	네 전화기를.

1

2

3

4

5

6

7

8

9

10

STEP 4

영어로 즉시 말해 보기

우리말 어순의 문장을 보고, 영어 문장을 즉시 쓰고 말해 보세요.

1	너는 반드시 안전벨트를 착용해야 한다.
2	너는 반드시 숙제를 끝내야 한다.
3	너는 반드시 주의 깊게 들어야 한다.
4	너는 반드시 정시에 도착해야 한다.
5	너는 반드시 해결책을 찾아야 한다.
6	너는 절대 아무것도 만지면 안 된다.
7	너는 절대 비밀번호를 잊으면 안 된다.
8	너는 절대 여기에 주차하면 안 된다.
9	너는 절대 저 물을 마시면 안 된다.
10	너는 절대 네 전화기를 사용하면 안 된다.

1

2

3

4

5

6

7

8

9

10